ボウリング

BOWLING
Perfect Control

パーフェクトコントロール【新装版】

狙い通りに倒す**50**の**コツ**

★プロボウラー **川添 奨太** 監修
Shota Kawazoe

メイツ出版

コントロール技術を高めるコツ
レベルアップして
アベレージ200を目指す！

ボールをカーブさせ
ポケットへ正確にコントロール

　ストライクを狙う上で欠かせないのがカーブボールです。ポケット（1番ピンと3番ピンの間）に入射角3度〜6度でボールをコントロールすることがストライクをとる理想のコースとされており、その実現のためにはカーブの軌道がベストなのです。回転の量や向きを正確にコントロールできるようになれば、複数の球種の投げ分けやパワーの調節が可能になり、ワンランク上のボウラーへと成長できます。

投球フォームが全ての基本。知識や
アイテムが整っていても、フォームが
悪ければハイスコアには結びつきませ
ん。優れた土台を手に入れて、コント
ロールとパワーを高めましょう。「フ
ォームはもう覚えたから大丈夫」とい
う思い込みは非常に危険！　川添プロ
の理想的なフォームを学び、今一度フ
ォームを見直して、より良い動作へと
バージョンアップしてください。

理想的なフォームで
ストライク量産＆スプリット攻略

レーンコンディションへの対応が
ハイスコアをつかむカギ

ボウリングでは投球技術に加えて、
レーンの状態を読み、コースを微調整
する能力が求められます。レーンへの
オイルの塗られ方や時間経過によるコ
ンディション変化に対応できてこそ、
ハイスコアを出せるのです。レーンの
材質、オイルのパターンなどさまざま
な要素から複合的に分析し、レーンに
アジャストする技術を身につけましょ
う。また、サポートアイテムの駆使も、
欠かせない手段のひとつです。

この本の使い方

　この本では、ボウリングでコントロールの精度を高めるためのコツを50紹介しています。カーブボールやストレートボールといった球種の投げ分け技術、スペアのとり方といったテクニック面から、レーンコンディションを読んでアジャストする方法や道具の活用術まで、幅広く扱っています。基本となる投球フォームも紹介しているので、中級者ボウラーはもちろん、初級者もレベルアップできる内容となっています。

　最初から読み進めることが理想ですが、特に自分が気になる、もしくは苦手だから改善したいという項目があれば、そこだけをピックアップしてマスターすることも可能です。

　各ページには、紹介しているコツをマスターするために必要なPOINTがあげられています。みなさんの理解を深めるための助けにしてください。

　また巻末には、練習法やストレッチの章も設けておりますので、今後のボウリングライフに役立ててください。プロの教える練習法をメニューに組み込み、上達を目指しましょう。

タイトル
このページでマスターするコツと、テクニックの名前などが一目でわかるようになっている。

PART 1　カーブボールの重要性

コツ01　パーフェクトストライクにはカー

Check Point!
①パーフェクトストライクの軌道を知る
②カーブボールでストライクを狙う
③大きなピンアクションを起こす

入射角3〜6度でポケットにボールをコン

　ボウリングには「パーフェクトストライク」という、ストライクを確実にとることができる軌道がある。簡単にいえば、入射角3〜6度でポケット（1番ピンと3番ピンの間）に入れる投球のことで、効率的に全てのピンを倒せる。

　パーフェクトストライクの軌道にボールを乗せるためには、投球を曲げる必要

がある。ストレートコースに運ぶことはボウリングの基本はいかに鋭い回転をかールするかがカギせることには、投球もある。回転がかかピンを大きく弾くこ

10

CHECK POINT
コツをマスターするためのポイントを紹介している。練習に取り組む際には、常に意識しよう。

必要

POINT
タイトルとCHECK POINTに連動して、ポイントをマスターするために写真を使ってわかりやすく解説する。

POINT 1 ポケットから内側に切れ込むパーフェクトストライク

入射角約3〜6度でポケットにボールをコントロールすると、1番ピンと7番ピンを結ぶ線と平行するような軌道で内側に切り込み、外側のピンをドミノ倒しのように倒しながら、ボールで1・3・5・9番ピンを倒す。これをパーフェクトストライクという。

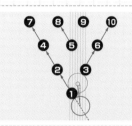

POINT 2 軌道を曲げてストライクを狙う

パーフェクトストライクの軌道にボールを乗せるためには、カーブさせる必要がある。リリースで回転をかけ、イメージ通りに変化させる。狙い通りのピンに当てることに加え、カーブの曲がり方の操作もコントロールの技術のひとつといえる。

POINT 3 回転で大きなピンアクションを起こす

ボールが当たってピンが動くことをピンアクションという。これによってほかのピンが倒れることが多くあるため、ハイスコアを狙う上で重要な要素。カーブボールを投げる際にかける回転には、ピンを強く弾いてアクションを大きくする効果もある。

プラスワンアドバイス スペアを狙う場面でもカーブが必要になる

カーブボールはストライクを狙う場面でのみ活躍するボールではない。残ったピンを倒しスペアを狙う場面でも有効だ。複数本のピンが固まって残りパワーが必要な状況から、緻密なピンアクションを起こしたいスプリットの攻略においても、カーブが効果的な投球となる場面が多くある。

11

ル

理想の
つまり、
ルであり、
コントロ
カーブさ
める効果
それだけ
のだ。

解説文
このページで紹介するコツと、関連する知識を解説している。じっくり読んで理解を深めよう。

プラスワンアドバイス
コツをマスターするための詳しい知識やポイントをアドバイスする。

PART 1 軌道を曲げてストライクを狙う ·············· 9

PART 2 正確な投球でスペアをとる ·············· 29

※本書は2015年発行の『ボウリング　パーフェクト
　コントロール　狙い通りに倒す50のコツ』の装丁
　を変更し、新たに発行したものです。

PART **1**

軌道を曲げて
ストライクを狙う

ⓒコツ 01 パーフェクトストライクにはカーブが必要

Check Point!
1 パーフェクトストライクの軌道を知る
2 カーブボールでストライクを狙う
3 大きなピンアクションを起こす

入射角3〜6度でポケットにボールをコントロール

　ボウリングには「パーフェクトストライク」という、ストライクを確実にとることができる軌道がある。簡単にいえば、入射角3〜6度でポケット（1番ピンと3番ピンの間）に入れる投球のことで、効率的に全てのピンを倒せる。

　パーフェクトストライクの軌道にボールを乗せるためには、投球を曲げる必要

がある。ストレートボールでは、理想のコースに運ぶことは難しいのだ。**つまり、ボウリングの基本はカーブボールであり、いかに鋭い回転をかけて正確にコントロールするかがカギになる。**またカーブさせることには、投球の威力を高める効果もある。回転がかかっていればそれだけピンを大きく弾くことができるのだ。

POINT 1
ポケットから内側に切れ込む パーフェクトストライク

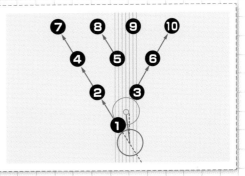

入射角約3〜6度でポケットにボールをコントロールすると、1番ピンと7番ピンを結ぶ線と平行するような軌道で内側に切り込み、外側のピンをドミノ倒しのように倒しながら、ボールで1・3・5・9番ピンを倒す。これをパーフェクトストライクという。

POINT 2
軌道を曲げて ストライクを狙う

パーフェクトストライクの軌道にボールを乗せるためには、カーブさせる必要がある。リリースで回転をかけ、イメージ通りに変化させる。狙い通りのピンに当てることに加え、カーブの曲がり方の操作もコントロールの技術のひとつといえる。

POINT 3
回転で大きな ピンアクションを起こす

ボールが当たってピンが動くことをピンアクションという。これによってほかのピンが倒れることが多くあるため、ハイスコアを狙う上で重要な要素。カーブボールを投げる際にかける回転には、ピンを強く弾いてアクションを大きくする効果もある。

プラスワンアドバイス 1
スペアを狙う場面でも カーブが必要になる

カーブボールはストライクを狙う場面でのみ活躍するボールではない。残ったピンを倒しスペアを狙う場面でも有効だ。複数本のピンが固まって残りパワーが必要な状況から、緻密なピンアクションを起こしたいスプリットの攻略においても、カーブが効果的な投球となる場面が多くある。

02 自分専用のボールを作る

Check Point!
1. 自分の手に合わせてボールを作る
2. カーブとコントロールの精度があがる
3. マメにメンテナンスすることができる

マイボールは回転をかけやすく疲労も少ない

カーブを投げるためには、自分専用のボールを作る必要がある。これをマイボールといい、**ホール（指を入れる穴）の大きさや距離を自分に合わせることができるため、カーブをかけられるようになる**のだ。

自分にぴったりと合ったボールを使うと、投球による疲労を軽減できる効果も

ある。ボウリング場でレンタルされているハウスボールに比べて、ボールを強く握る必要がないので楽に投げることができる。加えて、ケガのリスクが低く、メンテナンスできる利点もある。

ボウリングに本気で取り組みたいと考えるのであれば、マイボールを早い段階で作って練習に取り組むべきだ。

手・指に合わせて マイボールを作る

　指の太さや手の大きさは人によって異なる。そのためホール（穴）とスパン（穴の距離）を、自分に合わせてマイボールを作る。フィットするボールだと、投球にかかる力が少なく5、6ゲーム投げたとしてもほとんど疲れを感じないだろう。

回転・コントロール ともに向上する

　マイボールは内部にあるコアや表面の素材も自分で決めることができ、回転とコントロールが格段にアップする。またフィットしているため、少々重く作っても正しいフォームで投げることができ、重量があがる分、投球のパワーも大幅に向上する。

自分でメンテナンスを できるメリットもある

　ハウスボールは自分の手にフィットしていない上、多くの人に投球されているために傷がついている。オイルも染み込んでおり、到底カーブさせられない。その点マイボールは、マメにメンテナンスすることができるので、常に良い状態で投球できる。

プラスワン アドバイス1

ハウスボールで無理に カーブをかけるのは危険

　ハウスボールで回転をかけて強引にカーブをかけようとすると、指や手首に負担がかかりケガをしやすい。なんとか回転をかけられたとしても、コントロールが不安定になる。ボウリングで上達を目指すなら、なるべく早くマイボールを作り、練習に取り組むことが早道だ。

⓪3 カーブとストレートを使い分ける

① ピンに向かってフックするカーブ
② コントロールに優れる小さなカーブ
③ パワーに特化した大きなカーブ

回転数でボールの軌道を変える

カーブボールと一口にいっても、回転によってボールの動き方はさまざま。その軌道は大きく3段階に分けられ、**まずベーシックなピンの前でフックするカーブがある。**それに対してやや曲がりの小さいカーブ、反対に曲がりの大きなカーブと、動きの大小で区別する。回転が強ければそれだけ威力が強くなるが、コン

トロール面では不安定になるので、バランスを考えることが重要になる。

これらのカーブに加えて、ストレートボールも合わせてマスターする。ストライクをとるのは難しいものの、最もコントロールしやすい球種であるため、スペアを狙う際に効果を発揮する。この4種を基本に、技術を高めていこう。

1 ピンの手前で曲がる カーブボール

パーフェクトストライクを狙う際に繰り出す球種は、カーブボールがセオリーとなる。まっすぐ進みながら、ピンの手前で内側にフックするように変化する。このような変化をするのは、ボールにスピードと強い回転を同時に与えて投げているため。

2 コントロール性の高い 小さなカーブボール

基本のカーブボールからやや回転量を減らすと、曲がり幅が少ない小さなカーブボールとなる。カーブの鋭さこそ落ちるものの、コントロール性が高い。レーンコンディションに合わせて、回転量をあえて減らすのも、効果的な手段のひとつなのだ。

3 強力なパワーを持つ 大きなカーブボール

通常のカーブボールに対し、横回転に特化して投げる大きなカーブボールは、弧を描く軌道で進む。回転量から生み出される強力なパワーが特徴で、ダイナミックなピンアクションが可能。その反面、コントロールが不安定なボール。

プラスワンアドバイス 正確にピンを狙う ストレートボール

縦回転のみで投球すると、まっすぐ進むストレートボールとなる。パワーこそないもののコントロール性が非常に高いため、残りピンの少ないスペアを狙う際に力を発揮する。難易度が低いことから初心者向きであり、多くのボウラーが最初にマスターする球種だ。

コツ 04 手首を使って軌道を曲げる

Check Point!
1. 手首を90度程度曲げる
2. 振りかぶりの頂点で曲げる
3. リリースで手首を回す

強い回転をかける

ボールに回転をかける上でポイントになるのは、手首の角度だ。これを「カップ」といい、ボールをスイングする際に手首を曲げることで投球に回転がかかり、カーブを描く軌道となる。

基本となるベーシックなカーブボールでは、手首を90度程度に曲げて投球する。これにより、ピンの手前で内側に切れ込むように動くボールとなる。この鋭い動きから、「フックボール」という別称で呼ばれることもある。

なお回転は、カップだけでなくリリースで手首を回す動作も関係する。これにより、回転の向きが調節できる。詳しくは「アクシスローテーション」の項目（P24-25）で解説する。

POINT 1
手首を90度を目安に曲げてスイングする

　カーブボールを投げる際には、ボールを持つ腕の手首を、90度を目安に曲げてボールをスイングする。手首を曲げることにより、リリースで親指が抜けたところから中指と薬指がボールに乗る時間が長くなり、回転がかかりやすくなるのだ。

POINT 2
手首を曲げるのはバックスイングの頂点

　カップはボールを後方に振ったところで決定する。バックスイングまでは自然な形でボールを持ち、ボールが頂点にきたところで90度を目安に曲げ、そのままの状態でフォワードスイング、リリースと動作する。手首を曲げてボールを押し出そう。

POINT 3
リリースで親指を11時の位置まで回す

　手首を曲げた状態でボールを押したら、リリースで手首を回して回転の向きを決める。通常、ボールを持つと親指は自分から見て時計の1時のあたりに位置するので、カーブボールではそこから11時の位置まで回すと良い。ボールを離す瞬間に行えるとベスト。

プラスワンアドバイス
カップは窮屈に感じない角度を意識する

　手首を曲げる90度という角度はあくまで目安であり、絶対に直角になるように曲げなければならないという決まりはない。窮屈に感じるようだと投球の精度が落ちるので、手首に違和感がない角度を意識しよう。自然に行える範囲で曲げることが重要だ。

コツ 05 手首の調整で回転量を落とす

Check Point!
① 手首を伸ばして角度をつけない
② 伸ばしたまま固定する
③ リリースでは親指を12時に

横回転と回転数を抑えて投球する

カーブを調整して曲がりを小さくする際には、カップとリリースでの手首を回す動作を少なくする。手首が回転をかけるポイントになるので、その動きを抑えることで回転量を減らせるのだ。縦の回転と横の回転のバランスを調節しよう。

曲がりの小さなカーブボールでは、カップに角度をかけずにまっすぐ伸ばした状態でボールを押す。リリースでの手首を回す動作では、親指を12時の位置まで回してボールを送り出す。そのほかのフォームは、基本のカーブボールと同様。

曲がりを小さくすることは一見、投球精度を落とすように思えるが、横回転を抑えることで、より正確なコントロールが可能になる。

1 手首をまっすぐにして 角度をつけない

　曲がりの小さなカーブボールでは、カップに角度をつけない。手首を伸ばしてスイングするフォームとなる。バックスイングでボールを振りあげたら、その頂点で手首をまっすぐ伸ばして固定し、体側で充分に押し出してレーンへと送り出そう。

2 腕を先端まで まっすぐにして動作

　手首を曲げない分、カーブボールほど力を入れなくても投げられるが、気を抜くとボールの重みで手首が反り返ってしまう。それでは回転がかからないので、手のひらでボールを押すようなイメージで、腕から手首、手先までまっすぐにしたまま動作する。

3 親指を12時の位置で リリースする

　リリース時の手首を回す動作では、親指を自分から見て時計の12時の位置まで回すのがセオリーだ。カーブボールよりやや回す量を減らすことによって、ボールのドリフト効果を抑えて回転幅を少なくできる。親指をまっすぐレーンに向ける意識で行うと良い。

プラスワンアドバイス 基本のカーブボールと 動きを比較する

　基本のカーブボールでのストライクコースに、曲がりの小さなカーブボールを投げると、曲がり幅が減少しているためボールがポケットからやや右に逸れて入り、左側のピンが残るはずだ。どの程度の動きの変化があるのかを、実際に投げて確かめてみよう。

コツ 06 強い横回転をかけて威力を高める

Check Point!
❶ 手首とヒジを曲げる
❷ 左側から投げると良い
❸ 10時まで手首を回す

強い回転でボールにパワーを与える

　カーブボールからさらに横回転を強めると、曲がりが大きくなり、また投球の威力が高まる。パワー重視の球種といえるだろう。**投げるためには90度程度曲げるカップに加えて、ヒジも曲げる必要がある**。ボールを抱えるような形を作ることで、より強い回転をかけられるようになるのだ。

　強い回転によって大きなピンアクションを起こし、より多くのピンを倒せる曲がりの大きなカーブボールだが、ピンの手前でフックする通常のカーブボールとは異なり、早くフックし始めるため、コントロールしづらいデメリットがある。長所と短所を理解して、曲がりの大きなカーブボールを投げよう。

POINT

1 手首に加えて ヒジも軽く曲げる

　曲がりの大きなカーブボールでは、基本のカーブボールと同様に90度を目安に手首を曲げ、加えてヒジも曲げる。強く曲げる必要はないので、腕を曲線にするようなイメージで軽く曲げよう。これによって、より強い回転をボールに与えられるようになる。

POINT

2 弧を描く軌道なので 左側から投げるのが基本

　大きく弧を描くような軌道でピンへと向かっていくボールであるため、レーンの中央や右側から投げ込むと左に逸れてしまう。曲がりの大きなカーブボールをストライクコースに乗せるためには、左側でリリースすることが基本となるので、アドレス位置に注意。

POINT

3 親指は10時の位置まで リリースで回す

　リリースで手首を回し、親指が自分から見て時計の10時の位置あたりでボールを離す。スイング時の1時のあたりから10時まで大きく曲げることで、ボールにドリフト効果を与えられ、パワーのある投球となる。勢い余って手首を回しすぎないように注意。

1時　10時

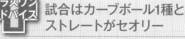

プラスワン アドバイス

試合はカーブボール1種と ストレートがセオリー

　カーブボールはそれぞれ投球フォームが異なるので、試合でそれらを使い分けるのは難しい。どの球種で行くのかを、練習のなかで決めておくことが大切だ。試合ではメインで使うカーブボールの球種と、プラスしてスペアで使うストレートボールの合計2球種でのぞむのがセオリーとなる。

コツ07 ボールをまっすぐ正確に投げる

Check Point!
1 ボールを自然に持つ
2 まっすぐリリース
3 スペアで効果を発揮する

スペアをとる上で必要不可欠な球種

　縦回転のみで投球すると、まっすぐ進むストレートボールとなる。軌道が曲がらないためにパーフェクトストライクのコースに乗せることが難しく、初歩的な技術のイメージもあって軽視されがちだが、実際はスペアの場面で欠かせない重要な球種だ。レーンコンディションの影響を受けづらいのでコントロール性が極めて高く、またカーブでは倒せない10番ピンを狙うなど重要な役割を担う。

　投げ方は、ボールの重みに合わせて手首を反らして持ち、そのままレーンへとまっすぐ押し出す。これにより、縦回転のみのボールとなる。狙うコースへ腕を正確に振り切らないとコントロールがズレるので、注意してスイングしよう。

1 手首を反らして ボールを下に持つ

カーブをかける際には手首を曲げて ボールを持ったのに対し、ストレート ボールでは反対に手首を反らす。無理 に反らすというより、ボールの重みに 逆らわずに自然に持つというイメージ で動作すると良いだろう。ボールを最 もスイングしやすい持ち方となる。

2 手首は回さず そのまま投げる

ストレートボールでは縦回転のみを ボールに与えるので、回転に向きをつ ける動作である手首を回すリリースは 必要ない。自然な持ち方からまっすぐ リリースする。手のひらでボールを押 し出すように動作すると、無駄な回転 をかけずに投げられる。

3 スペアを狙う場面で 必須の球種

縦回転であるためレーンコンディシ ョンの影響を受けづらく、まっすぐの 軌道でコントロールしやすいストレー トボールは、スペアを狙う際に有効な 球種だ。特に右端の10番ピンは、スト レートボールでないと倒すことが極め て難しい。

プラスワンアドバイス1 ストレートボールでも ストライクはとれる

まっすぐの軌道でも、右端から角度をつけ てナナメに投げ込めば、ボールをポケットに コントロールすることができる。ストレート ボールでストライクを狙うなら、これが最も 有効だ。友人や家族など、マイボールを持た ないビギナーとプレーする機会があれば、こ の方法を教えてあげよう。

コツ 08 回転の向きをコントロールする

Check Point!
1. アクシスローテーション＝回転の向き
2. 手首の回す幅は3段階が基本
3. オーバーターンに注意する

レーンに対する回転の角度を考える

アクシスローテーションとは、ボールのレーンに対する回転の向きのことをいう。回転の向きが進行方向と一致する縦回転を角度0度として、その向きが横になるほど角度が増え、真横に回転させると角度は90度となる。**角度が大きければそれだけボールがドリフトしている状態で進むので鋭く変化し、小さければより直線的な投球となる**。この角度を調整することで、カーブの曲がり幅をコントロールできるのだ。

カーブをかける際のリリースで手首を回す動作が、アクシスローテーションの決定を担う。大きく回せばそれだけ角度があがり、小さければより角度0度の縦回転に近づき曲がらなくなる。

1 回転の量と向きで 曲がり幅が決まる

カーブボールは、回転量と回転の向きの2要素によって曲がり幅が決まる。いくら強い回転がかかっていてもボールが縦に回っていたら曲がらず、横向きに回しても弱い回転では曲がりが小さい。この2要素のバランスを調節し、ボールの動きをコントロールする。

2 3段階の手首の回しで回転の向きを調節

アクシスローテーションを調整するのは、リリースでの手首を回す動作。これは3段階で調整するのがセオリーとなる。自分から見て時計の12時、11時、10時とあり、回す動作が大きければそれだけ回転の向きの角度は大きくなる。カップと組み合わせてボールの回転を調節し、イメージ通りのカーブを投げよう。

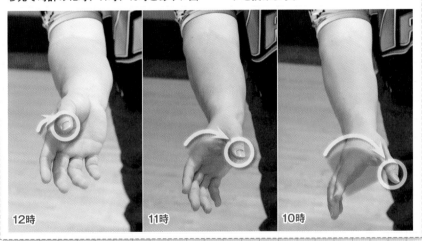

12時　11時　10時

3 手首を回しすぎる オーバーターンに注意

手首を回す際には、回し過ぎに注意しなければならない。勢い余って9時の位置まで回してしまうと、「オーバーターン」というミスになる。ドリフトが効きすぎてボールが滑り、逆に曲がらなくなってしまう。また、手首に負担がかかりケガの原因にもなる。

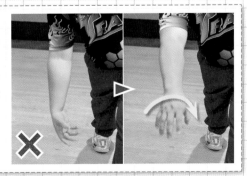

コツ09 構え位置と助走で球速を増減する

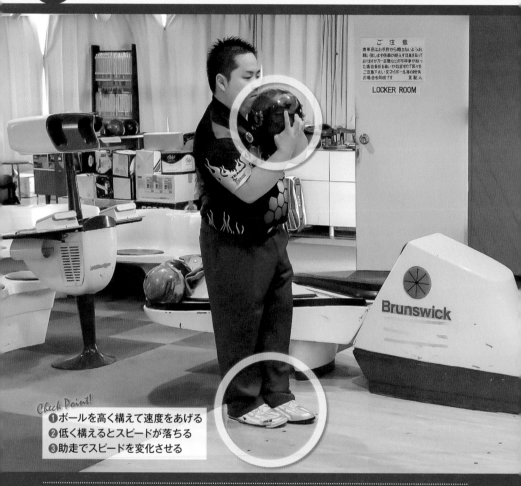

Check Point!
- ❶ボールを高く構えて速度をあげる
- ❷低く構えるとスピードが落ちる
- ❸助走でスピードを変化させる

速度調整の方法をマスターする

　投球のスピードは、ボールの威力や曲がりのタイミングなどを左右する重要な要素だ。調節できるようになるとコントロールの精度やレーンコンディションへの対応力がアップするので、方法を身につけよう。スピードの調節法として最も有効なのは、ボールを構える位置だ。高くすればスイングが大きくなってスピー

ドがあがり、低くすると反対にスピードが落ちる。加えて、助走のスピードで球速をかえるのも効果的だ。

　ボールのポンド数を増やしてスピードをあげる方法もあるが、あまりオススメできない。力を込めづらくなり、逆に遅くなる危険がある。スピードがあがる可能性もあるが、リスクは避けるべきだ。

POINT

1 ボールの構える位置をあげ スピードを高める

投球のスピードをあげたい場面では、アドレス姿勢でボールを構える位置を高くする。これによりボールを高い位置から下ろせるようになり、バックスイングでボールが高くあがる。スイングの振り子運動が大きくなって遠心力がかかり、スピードが高まる。

POINT

2 スピードを落とす際は 構え位置をさげる

アドレスでボールを構える位置を下げると、投球のスピードが落ちる。スピードが落ちると、カーブボールの曲がり出す位置が顕著に変化するため、ボールをコントロールする際に効果的。プロボウラーの多くは、球速を速くするより遅くすることで調整する。

POINT

3 助走によるスピードの 調節も効果的

助走はボールの勢いに直結するので、歩くスピードを変化することで球速も増減する。その際、ただステップのスピードを変化させるのではなく、歩幅を大小させて調節すると良い。これにより、自然に助走のスピードを調節できるようになる。

プラスワンアドバイス アドレス位置を 助走に合わせる

歩幅を変えて助走のスピードを上下させる際には、いつものアドレス位置で助走を開始するとリリースが合わなくなってしまうので、歩幅に合わせて位置を前後させる必要がある。速くしたい場合にはアプローチゾーンでいつもより後方に構え、遅くしたい場合にはいつもより前の位置から助走しはじめる。

バックアップボール

通常と逆側に変化するボール

　カーブボールとストレートボールに加え、球種には
もう1種類ある。バックアップボールと呼ばれるボー
ルで、カーブが利き手側から内側に入って行くのに対
し、外側に変化する特殊なボールとなる。カップを曲
げた状態でスイングし、リリースで手首を外側の2時
くらいの位置へ返すと投げることができる。

　強い回転をかけることが難しいためパワーが与えづ
らく、あまり実戦向きのボールとはいえない。マスタ
ーする必要性はないので、取り組むとしても普段の練
習の息抜き程度で良いだろう。強引に曲げようとする
と、手首やヒジを痛める危険があるので注意しなけれ
ばならない。

外側に手首を回す

PART 2

正確な投球でスペアをとる

コツ10 残ったピンを倒してスコアをあげる

Check Point!
1. 主にアドレスでコースを変える
2. スプリットの攻略にも力を入れる
3. 厚く・薄くの当て方を身につける

ストライクと同様にスペアの練習もする

ストライクをとりつづけることは、トップレベルのボウラーにとっても至難の業。ストライクをとれるだけの理論や技術を身につけたとしても、体力的な問題などから投球にズレが生まれ、ピンが残ってしまう。その際に残ったピンをしっかりと倒してリカバリーできるように、スペアをとる能力を身につけよう。

ピンの残り方にはさまざまあり、1ピンのみのときがあれば、1投目によっては3〜4ピンが残ってしまう場合もある。**本数や位置によってそれぞれ対応法は異なるので、いろいろなケースを想定して練習に取り組むことが大切だ。スペアを確実にとれるコントロールが身につけば、ストライクを狙う際にも生きる。**

1 主にアドレスの位置で調節する

　スペアを狙う際に基本になるのは、自分のストライクコースから軌道をズラして狙う方法だ。曲がり方などを把握しているストライクコースを基準にして、立ち位置を左右にズラすなどすればピンが狙いやすくなる。ピンが1本、または固まって残った場面で有効。

2 スプリットの可能性も考えて練習する

　複数のピンが離れて残るなど、難易度が高いピンの残り方をスプリットという。スプリットにはさまざまなパターンがあり、ワッシャーやビッグフォー、クリスマスツリーなど名称がついているものもある。それらの攻略法もマスターしておきたい。

3 ピンへの当て方を意識して投げる

　ピンアクションは、ボールの当て方によって変化する。正面から当てることを「厚く当てる」といい、ピンが後方に跳ぶ。端に当てることを「薄く当てる」といい、横に飛ばせるため離れたピンを狙う際に有効。正確なコントロールが必要になる。

プラスワンアドバイス 1 手前にあるピンをキーピンにして狙う

　スペアを狙う際に、最初に当てるピンをキーピンという。このとき、その場面で一番前にあるピンをキーピンにすることが原則。これは、後方のピンがピンアクションで前に動くことはないため。前側のピンに当てなければスペアは狙えないので、手前のピンを軸に攻略を考えよう。

コツ 11 板目を活用する投球術を身につける

Check Point
❶アドレス位置をズラして狙いを変える
❷板目3枚で1ピン分の軌道変化

スペアの成功率をあげる理論を知る

　スペアを狙う上で活用したいのが「3-6-9システム」だ。これはアドレス位置を左右に動かし、ボールを左右に投げ分けるための理論で、板目を使った投球術となる。**板目とはレーンを構成する39枚の板のことをいい、アドレス位置の目安となる。**同じスパットに向けて投球したとしても、板目をズラすことで異なる軌道となり、この法則を理解していれば自由自在にコントロールできるようになるのだ。レーン全体に投げ分けられるようになれば、スペアをとれる確率が格段にアップするのでトライしよう。

　なお3-6-9システムは、基準となるパーソナルナンバーを持っていてこそ活用できる理論となる。

POINT

1 軌道の変化を計算し アドレス位置をズラす

　レーンはスパットで区切ると3:2の比率であり、ピンはそれぞれ板目4.5枚の間隔で並んでいる。つまり、アドレス位置を板目3枚分ズラして同一スパットから投げると、1投目から丁度1ピン分ズレて到達する計算になる。ズラす枚数を6枚にすれば2ピン分、9枚なら3ピン分となり、このことから「3-6-9システム」と呼ばれる。

プラスワンアドバイス 活用するためには パーソナルナンバーが必要

　3-6-9システムを活用するためには、パーソナルナンバーを把握しなくてはならない。これは、そのレーンに対するストライクコースのことをいい、オイルのレーンコンディションからポケットにボールをコントロールできるスタンス位置とスパットを見つけ出すことで、把握できる。また同時に、10番ピンを狙うスタンス位置とスパットも見つける。これを「テンピンターゲット」という。

※パーソナルナンバーを把握する方法は、コツ24（P54-56）で詳しく解説。

POINT

2 板目3枚分で1ピン分 コントロールを変える

　中央のスパットを基準に投げるストレートボールを例にすると、下図のようになる。中央から投げれば当然1番ピンにあたり、そこから3枚分右に動けば2番ピン、6枚分なら4番ピン、9枚分なら7番ピンとなる。これによって理論上、レーンを端から端までコントロールできるようになる。この理論を自分の投球に当てはめてみよう。

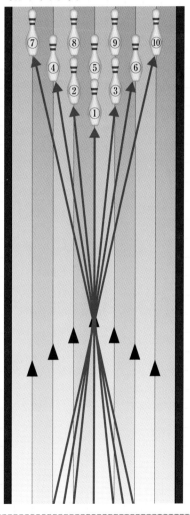

コツ 12 端のピンを対角線で狙う

左右のピンを倒す技術を身につける

7番ピン、もしくは10番ピンが残る状況は、左右の端であるため厄介だ。この場面での対処法は、対角線にボールをコントロールする方法がベター。ピンと逆側の端に立ってリリースしよう。レーンと平行に投げてしまうと、すぐ横にガーターがあるためボールが落ちやすく、ミスとなる危険性が非常に高いので注意。

❶対角線にピンを狙う　❷ストレートボールがセオリー

POINT

1 7番ピンは右端から 中央のスパットを狙う

　左端の7番ピンを倒す方法は、右端からリリースして中央のスパットを狙い、ストレートボールで対角線に投げる方法がセオリー。そのほか、3-6-9システムを活用して攻略する方法もある。板目9枚分スタンス位置を右にズラして投げ、カーブボールで倒す。

POINT

2 10番ピンは左端から まっすぐ投球する

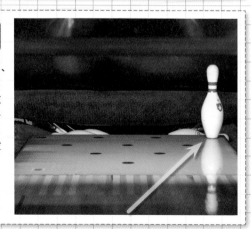

　右端の10番ピンも7番ピンと同様に、対角線で狙う。左端から中央のスパットを通して倒そう。カーブボールは左に曲がるため、右端の10番ピンをボールを曲げて倒すのはほぼ不可能。ストレートボールで攻略する。左利きのボウラーなら、カーブでも狙える。

⟨13⟩ 前後に並ぶピンを倒す

前のピンを狙って投球する

ピンが前後に並んで残ることを、「ダブルウッド」という。難易度の高いスペアではないものの、コントロールを誤ると1ピンを残してしまうので意識して投球しよう。狙い通りのピンアクションを起こせるように、コントロールすることが重要だ。ボールのピンへの当たり方まで計算して、投球する必要がある。

❶手前のピンのやや右を狙う　❷逆側のダブルウッドでも右を意識

POINT

1 2番8番はボールを
2番ピンの右側に

　ダブルウッドの攻略では、手前のピンを狙うことがセオリー。このとき、前の2番ピンの真ん中に当ててしまうと、8番ピンが残る可能性があるので、スタンス位置を2枚から2枚半程度右にズラし、1投目と同一スパットを狙って投げ、ピンのやや右側に当てる。

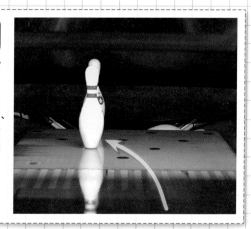

POINT

2 右側で前後に並ぶ
3番9番を倒す

　右側のダブルウッド3番9番でも同様に、手前のピンのやや右側を意識する。スタンス位置を3枚半から4枚左にズラし、同一スパットを狙って投げると攻略できる可能性が高い。レーンのコンディションを見て予測し、スタンス位置を微調整しよう。

コツ 14 固まって残るピンを全て倒す

三角形と縦並びのピンを狙う

3本のピンが残っても、ピンそれぞれが離れず固まって残っている状況ならばそれほど難易度は高くない。**ピンとピンの間を狙うようにして、塊のなかへボー**ルをコントロールすれば、全てを倒すことが可能だ。キーピンばかりを意識してしまうと後ろのピンが残るので、ボールの動きをイメージして投球しよう。

❶ピンの間を意識して投げる　❷ストレートで狙う方法もある

POINT
1 2番4番5番は
2と5の間を意識する

2番4番5番の3ピン残りは、2番8番と似た状況といえる。3ピンの中央を狙うのが基本だが、ど真ん中だと5番ピンが残る危険があるので、やや右に軌道を変える。スタンス位置を2枚から2枚半右にズラし、同一スパットを狙って投球する方法がベストだ。

POINT
2 3番6番10番は
前の2ピンの間に入れる

3ピンがナナメに並ぶ3番6番10番は、3番と6番の間にボールをコントロールする。スタンス位置を4枚から5枚程度左にズラして立ち、同一スパットを狙う。またテンピンターゲットのスタンスから、4枚右にズレてストレートボールを投げる方法も有効。

コツ 15 やや離れたピンを同時に倒す

難易度の低いスプリットを狙う

難易度の低いスプリットを「ベビースプリット」という。ピン同士が離れて残っているものの、スペアをとれる可能性は決して低くないので、攻略法を身につけておき、高確率で倒せるようになっておきたい。カーブボールとストレートボールを使い分け、よりとりやすい球種で狙うことがポイントになる。

Check Point! ❶ストレートで2本を同時に倒す ❷ピンの配置を合わせて軌道を曲げる

POINT

1 3番10番が残ったらまっすぐ投げる

右側で隙間を空けて残る3番10番は、カーブボールだと倒しづらい。セオリーは、テンピンターゲットのスタンスで4枚から5枚程度右にズレて、ストレートボールで狙う方法だ。これにより、まっすぐ進むボールで2本のピンを同時に倒すことができる。

POINT

2 2番7番はピンアクションで奥のピンを倒す

2番7番はどちらも左側のピンであるため、カーブボールで狙うことができる。スタンス位置を4枚から5枚右にズラし、同一スパットを狙って投げると、2番のやや左側にボールを当てながら奥の7番も倒すことができる。板目の調整でしっかり対処しよう。

コツ 16 正確なピンアクションでスペアをとる

細かな調整で慎重にコントロールする

ピンが左右に離れて残る「スプリット」は、非常に難易度が高い。しかし残る確率が多いので、攻略法を身につけておかなくてはスコアアップできない。ピンのすれすれを狙う極めて薄い投球が要求されるので、スタンス位置の調整に加えてボールの回転にもイメージと差異が

できないように集中することが大切。

Check Point

❶ 薄く当ててピンを飛ばす
❷ 入りが甘いときのスプリットを練習
❸ 3本残りの場面ではまず2本を狙う
❹ 平行ピンはギリギリまで薄く当てる

POINT

1 5番7番は薄く当てて左に飛ばす

5番7番のスプリットでは、キーピンとなる中央の5番のピンアクションで7番を狙う。スタンス位置を3枚左にズラして同一スパットを狙う投球がセオリーだが、ボウラーによっては2枚程度がベストの場合もある。2から3枚の幅で自分の位置を見つけよう。

POINT

2 2番10番は4番を狙うイメージで投げる

2番と10番のピンは、1投目のポケットへの入りが甘かった場面で残りやすい。2番を10番へ飛ばす必要があり、4番を狙うイメージで投げることがポイント。スタンス位置を6枚右にズラし、同一スパットを狙って投げ、2番の左側に薄く当てよう。

平行ピンでは精度と同時に球速も必要になる

平行ピンに対してうまくピンに薄く当てられたとしても、すれすれに当てるため強く弾けず、ピンが届かないことがある。とはいえ威力をつけようとすると精度が落ち、コントロールできない。コントロールを損なわずにスピードのあるボールを投げられるように、基本のスピードをあげておくことが大切だ。

POINT

3 6番7番10番は2本をボール1本をピンで倒す

2本と1本が離れて残る6番7番10番のスプリットは非常に厄介だ。まず右の2本を狙う方法がベターで、10番ピンを狙うイメージでテンピンターゲットから投球すると、6番がうまく7番に飛んでくれる場合がある。それでも、スペアをとれる可能性は低い。

POINT

4 7番9番は9番を真横に飛ばす

7番9番はピンが同じ列で並ぶ「平行ピン」のスプリットで、ピンを真横に飛ばさなくてはならず、極めて難易度が高い。テンピンターゲットのスタンスから右に1枚ズレて、10番ピンを狙うイメージで投球し、9番の右側ギリギリをこするように当てる。

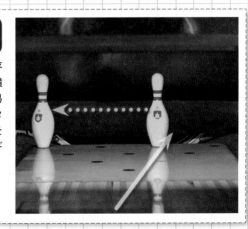

コツ 17 裏ポケットを狙って投球する

手前のピンで遠くのピンを狙う

スプリットのなかでも特に難しいパターンのひとつに「ウォッシュアウト」がある。左側にピンが集まり、10番が遠くにある状況で全て倒すためには大きく

正確なピンアクションが必要になる。ポイントになるのは裏ポケットという、ポケットの逆側を狙うこと。この位置は「ブルックリン」とも呼ばれる。

❶1番を10番へと飛ばす　❷確実な選択をするのもひとつの手

POINT

1 1番2番4番10番は 1番を10番へ飛ばす

ウォッシュアウトの1番2番4番10番が残ったら、ポケット（1番と3番の間）の裏側にボールをコントロールする。スタンス位置を3枚右にズラして同一スパットを狙う。うまくいけば、左の3本をボール、10番を1番のピンアクションで倒すことができる。

POINT

2 スプリットでは一方の側の ピンを確実に狙うのも手

ウォッシュアウトに限らずピン同士が離れているスプリットでは、無理にスペアを狙わずに、左右の確実に倒せる側だけを狙うのも選択肢のひとつだ。練習ならば果敢に狙うべきだが、試合では現実的な投球をして着実にスコアを伸ばすべき場面もある。

コツ 18 2組の平行ピンを倒してスペアをとる

プロでも避ける高難易度スプリット

4番7番と6番10番の2組の平行ピンが残った状況を「ビッグフォー」といい、極めて難易度が高い。プロボウラーでも試合では確実に2本をとる選択をするほどで、ハイレベルな投球精度がなくては攻略できない。真横に飛ばすピンアクションか、ピンの裏のマシーンからの跳ね返りで倒す2通りの方法がある。

❶6番をピンアクションで逆側へ　❷強く当てて跳ね返りを狙う

POINT

1 4番6番7番10番は6番を真横に飛ばす

左右それぞれに2本ずつ残るビッグフォーでは、6番を真横に飛ばす方法が考えられる。テンピンターゲットを狙って投球し、6番の右側に薄く当てる。しかしそれでもスペアをとれる確率は低い。スコアが求められる試合では確実に2本を倒すのがセオリーだ。

POINT

2 威力をつけてキックバックを狙う

ビッグフォーの攻略法として、キックバックを狙う方法がある。キックバックとは飛ばされたピンが裏のマシーンに跳ね返ってレーンに戻ってくることをいい、別のピンを倒せる場合がある。起こすためには、威力の高いスピードボールが要求される。

メンタルコントロール

平常心をキープして投球する

　ボウリングはベストな投球を要求され続けるスポーツであるため、メンタルへの負担が大きい。プレッシャーや緊張によってメンタルが崩れると筋肉が硬くなり、フォームが乱れやすくなるので、平常心をキープしリラックスした状態で投げ続けられる精神力が必要だ。ルーティンワークを作る、試合前に音楽を聴いて集中力を高める、などメンタルコントロール法はさまざまあるので、自分にフィットする方法を見つけよう。

　オススメは自分のスコアをマックス点である300点から逆算する方法。試合では対戦相手からプレッシャーを受けることが多いので、あえて引き算の得点計算でスコアを考えれば、相手の投球・点数が気にならなくなり、自分のプレーにのみ集中できるようになる。また投球ごとに気持ちをリセットすることも大切だ。

PART **3**

レーンに
アジャストする

コツ 19 レーンの状態に合わせる術を知る

Check Point!
❶ レーンの知識を学ぶ
❷ コンディションから予測
❸ 微妙な変化を把握

材質・オイルによるコンディションを理解

　レーンは一見どれも同じようだが、実際は違いがある。レーンの材質によって異なる特徴があり、何より表面に塗られているオイルが大きな影響を及ぼす。塗られ方で動き方は大きく変化し、また投球を積み重ねることでオイルにムラが生まれるので、状態は刻々と変化する。このようなレーンの特徴や状態の変化を総

じてレーンコンディションといい、良いスコアを出すためにはコンディションへの対応力が重要になる。
　対応するためにはまず、材質やオイルについての知識を身につける必要がある。どのようなコンディションが有り得るのかを知り、対応法をマスターすれば実戦で生きるテクニックとなる。

1 レーンについての知識を深める

　普段通っているボウリング場以外の場所で投げると、違和感を覚えることがあるはずだ。それはレーンによる差が原因であることが多い。材質やオイルの塗り方はボウリング場によって異なるので、どのようなレーンがあるのか知る必要がある。

2 情報からボールの動きをイメージする

　レーンの知識が身につき、さまざまなボウリング場で投げた経験を得ると、レーンについての情報からボールの動きをイメージできるようになる。レーンについての情報から、どのように動くか、どう対応するかイメージすると良い訓練になる。

3 感覚を鋭くしてオイルの変化を感じる

　投球によってオイルが伸びたり削れるなどしてムラができるため、ボールの動き方が変わる。少しずつの変化だが、どのように変わっているのかを把握しなければレーンコンディションに対応できない。自分の投球をしっかり見て、イメージとの違いを見つけよう。

プラスワンアドバイス

プロボウラーはレーンを見て戦術を練る

　ハイスコアを叩き出すプロボウラーたちは、レーンの材質やコンディション表を見て、投球のラインや使うボールの種類など戦術を練る。レーンコンディションの見極めはそれだけ重要で、スコアに影響を及ぼす要素なのだ。見極める力を身につけて、ランクアップしよう。

コツ 20 ウッドとアーマーのレーンの差を知る

Check Point!
❶ウッドはレーンによってクセがある
❷アーマーは種類が多い

材質による動き方の違いに対応する

　レーンコンディションはオイルに注目しがちだが、レーンの材質についても知識を身につけておくべき。**レーンの素材はウッドとアーマーの2種類が代表的で、それぞれウッドレーン、アーマーレーンと呼ばれる。**表面の硬度やオイルのなじみ方に違いがあるため、同じように投げてもボールの動き方が異なる。材質によ

る特徴をつかみ、レーンに合った投球をすることが重要だ。

　まずは自分の通う、よく行くボウリング場のレーンの材質を知ろう。見た目ではわからないので、スタッフに聞くと良い。その上で、違う材質を使うボウリング場に行って投げてみると、普段との違いを体感することができる。

1 レーンによってクセが異なる ウッドレーン

ウッドレーンはその名の通り木材で形成されるレーンで、楓や松ノ木を組み合わせて作られるものが一般的だ。特徴としては、時間が経つと木がオイルを吸い込み、ボウリング場によってクセが異なる。また、コンディション表通りになりにくいことも特徴のひとつだ。

写真：ABS

2 多くの種類がある アーマーレーン

アーマーレーンはプラスティック素材で作られるレーンで、プラスティックレーンとも呼ばれる。ボウリング場にとってはコスト面で優秀なレーンとして、近年主流になっている。アーマーレーンと一概に言っても種類は多い。やわらかい素材もあれば、かたい素材もある。素材の違いでレーンの変化も変わるのでチェックしよう。

写真：ABS

プラスワン アドバイス アプローチゾーンの 違いにも注目する

材質による影響はレーンだけではない。アプローチゾーン（助走を行う部分）もまた、ウッドかアーマーかによって感触が異なる。アプローチゾーンが滑りやすい場合を「軽い」、滑りづらい場合を「重い」という。シューズのパーツを張り替えて対応しよう。

(コツ)21 オイルの量による特徴を把握する

Check Point!
- ❶速いレーンは曲がりにくい
- ❷遅いレーンは曲がりやすい
- ❸用語を覚えてレーンにアジャスト

オイルの量などからコンディションを見極める

レーンへのオイルの塗られ方はボウリング場によって違いがあり、**オイルの量によってボールの動きが変わるので対応しなければならない。** オイルが厚く・長く塗られているレーンを「速いレーン」といい、ボールとレーンとの摩擦が少ないため、ボールが曲がりにくい特徴がある。反対に薄く・短く塗られているレーンは「遅いレーン」といわれ、摩擦が大きくなるためボールが曲がりやすい。

この2つの専門用語は、レーンにアジャストする上で欠かせないのでしっかりと覚えよう。身につけることで、ボウリング場のスタッフや友人ボウラーと、レーンコンディションについての情報をスムーズに交換できるようになる。

コツ22 オイルによる粘り気の違いに注意する

Check Point!
❶粘度の高いオイルは変化しづらい
❷粘度の低いオイルは変化しやすい
❸オイルの種類を調べる

写真:ABS

粘度による差をアジャストに役立てる

　オイルの塗られ方に加えて、塗られるオイルの種類もレーンコンディションを形成する重要な要素のひとつ。オイルは種類・メーカーによって粘度に違いがあり、粘りの強いものはそれだけ乾きづらく、投球によって変化しづらい特徴がある。粘り気の弱いものは乾きやすく、変化が大きい。

　粘度によってレーンの変わり方に違いがあることを理解し、投球の前にオイルの種類をボウリング場のスタッフに聞くなどして気にかけて、レーンへのアジャストに役立てることが重要となる。レーンコンディションに対応するためには、さまざまな要素を複合的に考えて投球戦略を立てなければならないのだ。

23 オイルの塗られ方による違いに対応する

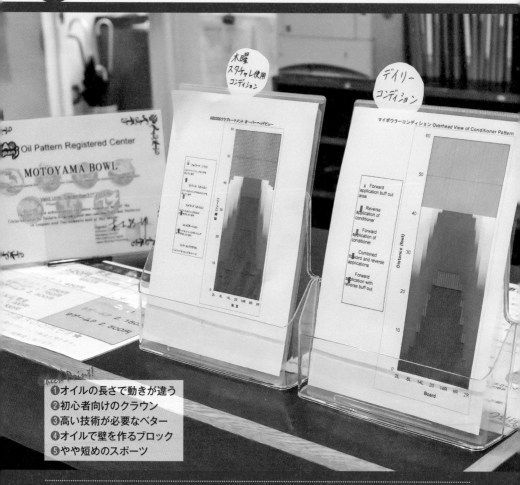

❶オイルの長さで動きが違う
❷初心者向けのクラウン
❸高い技術が必要なベター
❹オイルで壁を作るブロック
❺やや短めのスポーツ

オイルパターンを把握して投球に活かす

レーンに塗られるオイルは本来、レーンを保護する役割を担っているが、その塗られ方によってボールの動きに差異がある点は、ボウリングをよりスポーツとして高度にしている要素といえるだろう。

塗られ方にはある程度決まった形があり、それを「オイルパターン」という。プロボウラーやレベルの高いボウラーは、

オイルパターンによるレーンの特性を把握しており、それぞれの対応法を身につけている。

ボウラーとしてレベルアップするために、オイルパターンの知識を身につけて投球に役立てよう。まずは基本となるオイルの長さを知り、次に細かな塗りつけの違いを把握する。

① オイルを塗る長さによる特性を知る

ボウリングのレーンは全長62フィート10インチ3/16で、60フィートの位置に1番ピンが置かれる。オイルはその全体に塗られているわけではなく、ピンの手前にはオイルは塗られていない。どの位置までオイルを塗るかでレーンの特性が異なり、その長さはミディアムレーン、ロングレーン、ショートレーンと3種類に大別される。

○ **ミディアムレーン**

約60フィートのレーンに対して、その3分の2、40フィートの位置までオイルを塗るのがミディアムレーン。もっともベーシックな長さなので、基準として考える。

○ **ロングレーン**

ミディアムレーンよりやや長い45〜50フィートの位置まで塗るロングレーン。ロングオイルコンディションともいい、ミディアムに比べて曲がりにくい。

○ **ショートレーン**

オイルが30〜35フィートまでのショートレーンは、ショートオイルコンディションともいわれる。オイルの長さが短い分、ミディアムよりもボールが曲がりやすい。

プラスワンアドバイス① 長さは厳密ではなく数フィートの誤差がある

40フィート、45フィート、35フィートと厳密なルールとして決まっているわけではなく、47フィートのロングレーンがあれば、33フィートしかないショートレーンもある。ミディアム、ロング、ショートはあくまでオイルの長さを示す大別の名称であり、ボウリング場の個性で長さはさまざまなのだ。

次ページで代表的なオイルパターンを紹介→

POINT 2 初心者にも投げやすい クラウンレーン

外側を薄く、内側を厚く塗り、ピンに向けてオイルを山のような形に塗りつけるオイルパターンを「クラウンレーン」という。最も難易度の低いオイルパターンで、ストライクを狙う選択肢が豊富にある。

通常は、このパターンをひいているボウリング場が多い。このことから、ハウスコンディションとも呼ばれる。

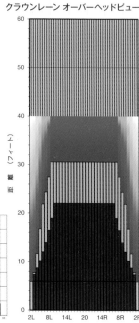

クラウンレーン オーバーヘッドビュー

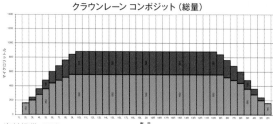

クラウンレーン コンポジット（総量）

資料提供：ABS

POINT 3 均一にオイルを塗る ベターレーン

オイルでレーンに凹凸を作るクラウンレーンと反対に、レーン全体にほぼ均一に塗るパターンを「ベターレーン」という。ちょっとしたコントロールミスも許されない難易度の高いオイルパターンで、競技としてボウリングに取り組むボウラー向けといえる。

投球を続けることでオイルの凹凸が生まれるので、徐々に投げやすくなる。

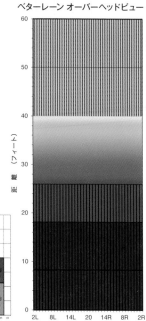

ベターレーン オーバーヘッドビュー

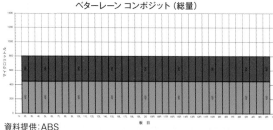

ベターレーン コンポジット（総量）

資料提供：ABS

POINT 4　オイルを極端に塗る　ブロックパターン

　ベターレーンに外側と内側でオイルの量に違いを作り、中央に厚くオイルを塗るオイルパターンを「ブロックパターン」という。中央のオイルの山部分ではほとんど曲がらず、極端に薄い外側では急激に曲がるため、動きの違いに注意する必要がある。オイルの境目のラインを狙うことがセオリーなので、正確なコントロールで狙う。

　このオイルパターンは、ボールが外にいくとパックンと曲がり、中にいくとツーといってしまうことから、業界用語で「パックンツー」ともいう。

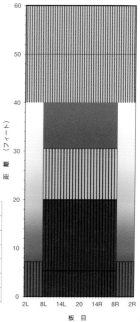

ブロックパターン オーバーヘッドビュー

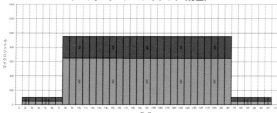

ブロックパターン コンポジット（総量）

資料提供：ABS

POINT 5　短めに凹凸をつける　スポーツコンディション

　クラウンレーンを収縮させたようなオイルパターンとなる。全体的にやや短めになり、山の頂点（レーンの厚さ）は高くなっているのが「スポーツコンディション」だ。オイルが短いだけに、ボールが曲がりやすい特徴がある。

　外側は特にオイルが薄いので、ボールのグリップのかかり加減を意識して投球する。特殊なオイルパターンにトライしよう。

スポーツパターン オーバーヘッドビュー

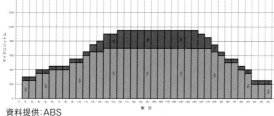

スポーツパターン コンポジット（総量）

資料提供：ABS

コツ 24　得意なコースを基準にアジャスティング

Check Point!

1. 得意なコースで軌道のズレを見る
2. 板目を使ってスタンス位置を動かす
3. 狙うスパットは得意なコースのまま
4. 10番ピンの狙いも定めておく
5. 試合では練習投球でレーンチェック
6. レーン情報が発表される試合もある

投球の感触でパーソナルナンバーを把握

　さまざまなレーンの材質、オイルの種類・パターンなどがあるなかで、レーンコンディションを確認するためには実際にボールを投げてみる方法がベストだ。**自分の得意なコースにボールを投げ、その感触からレーンがどのような状態にあるかを知ることができる。**

　コースにズレがあったら、立ち位置を板目を使って動かし、ストライクをとれるコースへと微調整する。この調整を「アジャスティング」といい、アジャスティングによって導き出したそのレーンに対するストライクコースを「パーソナルナンバー」という。これを把握できなければ3-6-9システムを使えず、レーンの変化にも対応できなくなる。

1 得意なコースに 投球して見極め

　ボウラーとしてのキャリアを積めば、ストライクをとれる確率の高い得意なストライクコースができるはず。レーンコンディションを確認する際には、まず得意なコースに投げて動きをチェックする。その動きを見て、イメージとの差異から状態を見極める。

2 立ち位置をズラして パーソナルナンバーを把握

　得意なコースでストライクをとれなかったら、レーンにアジャストできていない証拠だ。曲がりすぎるならやや左、曲がらないならやや右、という具合に板目を動かして調整する。ストライクをとれるコースが見つかったら、それがパーソナルナンバーとなる。

3 狙うスパットは変えずに アジャスティング

　アジャスティングにはさまざまな方法があるが、スタンス位置を板目を使って動かす方法がオススメだ。目標のスパットを固定した状態で、ボールの軌道をコントロールすることができる。このアジャスティング法を「スタンスアジャスティング」という。

プラスワン アドバイス 1 スタンス位置を把握する 基準を決めておく

　アジャスティングでは、自分の立つ位置の把握が最重要な要素となる。その際、間違いがないように基準を決めておくことが大切だ。板目を足のツマ先で合わせるのか、側面で合わせるのか、これを決めておかないとアジャスティングをミスしてしまうので、合わせやすい方法で基準を作ろう。

4 テンピンターゲットの スタンス・スパットも決める

　ストライクをとるパーソナルナンバーと合わせて、10番ピンを狙うスタンスとスパット＝テンピンターゲットも見つける。スペアボールを使って対角線にまっすぐ狙う投球はほとんどレーンに左右されないため、すぐに決めることができるだろう。

5 大会では試合前に 練習投球ができる

　大会に出場する場合のレーンコンディションの確認は、試合の前に設けられる練習投球で行う。この時間の有効活用が、好成績につながる。このとき、レーンと合わせてアプローチゾーンも入念にチェックすると良い。試合に向けての準備をしよう。

6 開催日前に情報が 発表される大会もある

　大会によっては、開催日前にレーンの情報が発表されることがある。レーンの情報を事前に知ることができれば、初めてのボウリング場であっても準備できる。情報からレーンコンディションをイメージして、シューズのパーツ交換などを準備しておこう。

プラスワン アドバイス 左右のコンディションも チェックできると良い

　ゲームでの投球はストライクコースだけではない。状況によってさまざまなコントロールが要求されるので、得意とするコースから板目2〜3本分程度ズレて何球か投げ、コースの左右の状態もチェックできるとさらに良い。しかし練習投球の球数は限られているので、余裕がある場合に行おう。

コツ 25 キャリーダウン・ブレイクダウンに対応

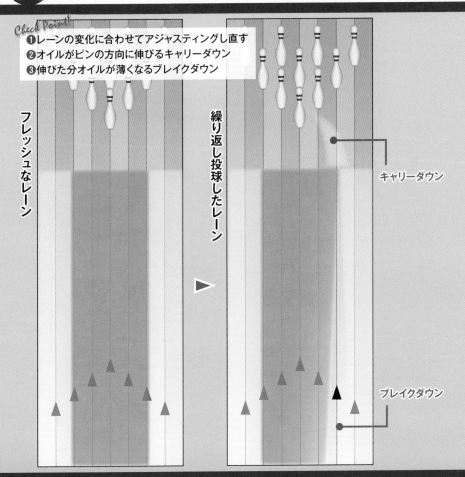

Check Point!

❶ レーンの変化に合わせてアジャスティングし直す
❷ オイルがピンの方向に伸びるキャリーダウン
❸ 伸びた分オイルが薄くなるブレイクダウン

フレッシュなレーン

繰り返し投球したレーン

キャリーダウン

ブレイクダウン

オイルの広がりを察知して投球を調整する

レーンコンディションは投球が繰り返されることによって、オイルが伸びたり薄くなって変化する。ボウラーはゲームのなかで、この目に見えない変化を軌道のズレから察知し、アジャスティングし直しながらハイスコアを狙うのだ。

変化はまず、**オイルがピンに向かって伸びる「キャリーダウン」**から起きる傾向がある。これによってオイルの範囲が広がり、ボールが曲がりづらくなる。しばらくするとキャリーダウンで伸びた分、オイルが薄くなる「ブレイクダウン」が起きる。薄まることでボールの曲がり始める位置が手前になり、コントロールに影響が出る。なお、オイルの粘度が柔らかいほどこれらの変化は激しくなる。

コツ 26 メンテナンスの時間・マシンを知る

Check Point!
❶オイルのなじみは時間によって変化する
❷メンテナンスの仕方はさまざまある
❸オイリングマシンによる違いにも注目

オイリングのタイミングと方法を調べる

　オイルはボウリング場のメンテナンスによってレーンに塗られる。**オイルのレーンへのなじみは塗られてからの時間によって異なるので、オイルがいつ塗られているかを把握する必要がある**。レーンメンテナンス（クリーニングとオイリング）は朝か夜に行うことが多いので、どちらのタイミングで行うのかをスタッフに聞いておくと良いだろう。

　また、オイリングを行うマシンにも着目しよう。マシンによってコンディションのでき方に違いがあるので、それぞれにあった対応をするとより精度の高い投球をできるようになる。細かい部分までレーンについての情報を収集してこそ、トップレベルのボウラーだ。

1 オイルのなじみは 時間によって変化する

オイルはレーンに塗られてから、ある程度の時間が経過しなければ完全になじまない。塗られてから3〜4時間経過したあたりが最も良いとされ、塗ってから時間の浅いなじみだと、オイルが浮きやすく激しくコンディションが変化する。

POINT

2 メンテナンスのタイミングは さまざまなパターンがある

メンテナンスは開店前の朝か閉店後の夜に、クリーニングとオイリングを行うのが一般的で、なじみ方に時間差がある。また、夜にクリーニングだけ行ってオイリングは朝行う場合などもあるため、同じオイルパターンでも感じ方は異なる。

POINT

3 マシンによっても 塗られ方が違う

オイルは、各ボウリング場の持つオイリングマシンという専用の機械でレーンに塗られる。一般的なメーカーのひとつにケーゲルがあり、ケーゲル製のなかにも「カストーディアン」「フレックス」など種類がある。マシンによって、塗られ方に微差がある。

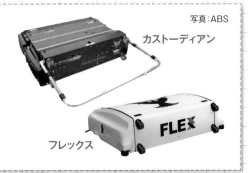

写真：ABS

カストーディアン

フレックス

FLEX

プラスワン アドバイス 1 さまざまな時間帯に投げ 違いを体験する

時間帯を一定にせず、あえてズラして投球するように心がけると、同じボウリング場でもさまざまなレーンコンディションで投げることができる。情報や知識を身につけた上で、いろいろなコンディションを体験すると効率的にレベルアップできる。レーンへの対応力を高めてボウラーとして成長しよう。

空調が及ぼすレーンへの影響

空気の流れでオイルの乾きが変化する

　レーンコンディションは環境によっても変化する。環境とは、温度や空気の流れのことをいい、特にオイルの乾きに密接に関係する。オイルパターンやキャリーダウン、ブレイクダウンなどに比べるとそこまで影響は大きくないが、空調についてもチェックできると良い。

　トビラや空調のダクト付近のレーンは、レーンコンディションの変化が激しくなる傾向があるので、その周辺を見回して環境の確認をしよう。また、プールやスケートリンクなどが同じ建物内に併設されている場合は、湿度の関係でボウリング専用の施設とは違ったコンディションの変化をすることがある。

　レーンの表面ばかりではなく、環境の部分まで注意を向けられるようになると、より完成度の高いボウラーへと成長できる。

投球フォームの
再確認

コツ 27 正しいフォームのキープに努める

Check Point!

❶ 無意識に動作が乱れる
❷ 動作に集中して投球する
❸ フォームを撮影して確認

フォームの乱れを見落とさず修正する

　正しい投球フォームを身につけたとしても、何度も投げていると無意識のうちに乱れが生じる。小さな乱れでもコントロール精度の低下につながり、積み重なるとスコアが大幅にダウンする危険がある。一度マスターしたからといって、安心することはできないのだ。

　フォームの乱れを防ぐために、フォームの確認をマメに行い、正しい動作をキープしよう。アドレスからフォロースルーまで、ひとつひとつを正確に行うことを意識して投げ、ストライクを狙う。

　携帯電話やデジタルカメラの動画撮影機能を使ってフォームを撮影したり、友人ボウラーに頼んで見てもらうなどして、客観的にチェックするのも手だ。

POINT

1 投球フォームは無意識のうちに乱れる

　正しいフォームで投げていると思っても、動作は疲労などによって徐々に乱れる。無意識のうちにその乱れたフォームが癖になり、誤ったフォームで投げ続けてしまうことがある。その都度修正して、コントロール精度を保つことが大切だ。

POINT

2 意識的に正しい動作でボールを投げる

　感覚的に投げていると、フォームの乱れに気づきづらいもの。自分の動作に意識を集中して、腕をスイングさせてリリースし、フォロースルーまで投げ切ろう。正しいフォームの感覚を思い出し、現在の自分の感覚と比較して誤りがないか確認する。

POINT

3 自分のフォームを撮影して客観的にチェック

　スマートフォンやタブレット端末、デジタルカメラなど動画撮影機能を搭載するものが数多くあるので、その機能を活用して自分のフォームを撮影しよう。客観的に動きを見ることができれば、フォームの乱れ・問題点を見つけられる。

プラスワンアドバイス シャドーボウルや鏡を使う方法も効果的

　フォームのチェックはシャドーボウリングの練習（P106）や、鏡の前で動作して動きを確認する方法でも行うことができる。ボールなしで行えるので、練習から帰った後に自宅でも取り組むことができる。その日の投球を振り返りながら、フォームをチェックすると良いだろう。

コツ 28 振り子のスイングで投球する

①アドレス
助走開始位置で、ボールを両手で支え持つ構えの姿勢をとる。

②ブッシュアウェイ
ボールを持つ利き手と利き足を、同時に前に出す動作。

⑤フォワードスイング
ボールが最高点に達したところから、助走で力をかけつつ前に振る。

⑥スライド
逆足で行う助走の最後の1歩は、足を滑らせて大きく踏み込む。

正しいフォームを改めて身につける

　投球フォームをマスターし直すつもりで、再確認しよう。助走とともに腕をスイングするフォームは複雑なので、一連の動きを8つの動作に分けて習得することがセオリーだ。

　構えのアドレスからプッシュアウェイでボールを前に出すと同時に助走を開始し、ボールの重さを利用してスイングす
る。ボールを振り子のように動かしながら、前に進む助走の力を加えて動作をスムーズに行うことがポイントとなる。

　無駄な力をかけずに、ボールの遠心力を活用して投げれば正確なコントロールが可能になる。アドレスからフォロースルーまで、なめらかな投球フォームをイメージして精度を高めよう。

① 投球動作を8つに分けてマスターすると良い
② 振り子のイメージで腕をスイングする
③ ボールの重みを活用して動作することが大切

③ダウンスイング
腕が伸びきったところから、ボールの重みで真下にスイング。

④バックスイング
後方までボールを振りあげる。自分の力ではなくボールの重みで行う。

⑦リリース
スライドした足のツマ先あたり、低い位置でボールを離す。

⑧フォロースルー
リリースした腕を上まで、まっすぐ振りあげてバランスをとる。

プラスワン
アドバイス

助走は4歩が基本
スライドの分やや長めに距離をとる

　助走は人によってさまざまあるが、基本は4歩だ。ファウルラインからやや大股で4歩進み、そこからスライド分を加えるために半足分程度距離を伸ばす。その位置からレーンに向かって反転するとアドレス位置となる。4歩で取り組みつつ、歩数を増やしたり歩幅を変えるなどして自分の助走を探そう。

コツ 29 リラックスして構えボールを前に出す

Check Point!
1 ボールは利き腕側の胸の前あたりに出す
2 ボールを持つ側の肩をやや下げる
3 ボールと足を同時に動かす

ボールを支えて持ち助走を開始する

構えの姿勢とる動作をアドレスといい、一定にすることで投球が安定する。ボールを持つ腕のヒジを曲げて、逆の手で支えて胸の前あたりまであげる。このとき、やや利き手側の肩を下げて体をリラックスさせると良い。目線をレーンの目標とするスパットへ向け、背スジを伸ばす。足は立ちやすい幅で、利き足をやや前に出す。これには、助走の1歩目を出しやすくする効果がある。

アドレスの姿勢から、スイングに入る動作がプッシュアウェイだ。**ヒジを伸ばしてボールを真正面に突き出し、同じタイミングで利き足を前に踏み込んで助走を開始する**。振り子スイングの精度に大きな影響を与える重要な動作となる。

1 利き腕側の胸の前で ボールを両手で支える

　ボールを持つ位置は、胸の前あたりが基本だ。利き手の指をフィンガーホールとサムホールに入れた状態で、ヒジを曲げて持ちあげる。逆の手でもボールを下から支え、重いボールを固定する。投球は片手で行う動作だが、アドレスでは両手で持つ意識で構える。

2 利き手側の肩は やや下げると良い

　ボールは利き手で持っているので、胸のやや利き手側に寄せて構えるのが自然。しかしその分、利き手側への重みが増える。このとき、肩に力が入ってしまうとフォームの乱れにつながるので、利き手側の肩をやや下げ、安定した構えをとろう。

3 ボールと利き足を 同じタイミングで出す

　プッシュアウェイを行う際には、ボールを利き手に乗せた状態のままヒジを伸ばし真正面に出す。同時に同じ側の足も前に踏み込み、助走を開始する。同じ側の手足を同じタイミングで動かすことは普段ほとんどないので、繰り返し行いマスターしよう。

プラスワン アドバイス 1 リラックスできる 足幅で構える

　アドレスでボールを持って構える際の足幅は、肩幅よりやや狭い程度がセオリーだが、肩幅以内であれば自由にして良い。背すじの伸びた姿勢で立てることがベストなので、そのために最も自然なリラックスできる足幅で構えよう。こだわりは作らずに、フィーリングで決めるくらいが良いだろう。

コツ30 ボールの重みを使ってスイングする

Check Point!
1. プッシュアウェイから真下に下ろす
2. 後方にボールを振りあげる
3. 助走とスイングで力をかける

遠心力と助走で投球に威力をつける

プッシュアウェイからは、ボールをスイングする動作に入る。スイングでポイントになるのは、力を込めないこと。腕の力でボールに勢いをつけようとすると、スイングの軌道が乱れやすくなり、かえってパワーが弱まりコントロール精度も落ちる。

ボールの重さを活用して、キレイに半円を描くスイングをすることが重要だ。**ボールにかかる重力を活かす。**そのために、腕を脱力する必要があるのだ。

スイングによって遠心力がついたところに、助走で前へと動くエネルギーも与えるのでパワーのある投球になる。スイングと助走を連動させることが、投球精度の向上につながるので意識しよう。

1 腕を真下に下ろす ダウンスイング

プッシュアップでボールを前に出すと、片腕ではその重みを支えられず自然と下に落ちていく。この動作をダウンスイングといい、腕の力を抜いてボールを真下に下ろしていく。地面と腕が直角になるように下ろすと、キレイに振り子を描くスイングとなる。

2 ボールを振りあげる バックスイング

ダウンスイングの勢いのまま、ボールを後方に振りあげる動作がバックスイングだ。ダウンスイングからそのまま力を入れすぎなければ、自然と後ろにあがる。この動作で腕に力を入れて、ボールを高く振りあげてしまうと、フォームが乱れるので注意が必要。

3 スライドしながら フォワードスイング

バックスイングで振りあげたボールを、前方にスイングする動作をフォワードスイングという。助走の最後の1歩であるスライドと同時に行う動作となるため、大きな下半身の動きにもスイング軌道が乱れないよう、上半身を安定させることが大切だ。

プラスワンアドバイス 1 体の軸がブレないよう 注意してスライドする

スライドはその距離を長くすることでボールにより強い力を与えられるため、大きく踏み込むべき。しかし無理に動作すると体のバランスが崩れ、軸がブレてしまうので注意が必要だ。全身でしっかりとフォームを実践できる技術を身につけた上で、スライドの距離を少しずつ伸ばして行こう。

コツ 31 ツマ先の位置で低く押し出す

Check Point!
1. ツマ先の位置で離す
2. 低い位置でリリース
3. 腕を上まで振り切る

中指と薬指の2指にボールの重さを感じる

投球フォームのなかで、リリースは特に難易度の高い動作といえる。投球を決定づける部分なので、しっかりとマスターしなければならない。

ポイントは、スライドで踏み込んだ足のツマ先の位置まで振ったところで、ボールをリリースすること。体の前までスイングすれば、自然と親指が抜ける。押し出すようなイメージで動作しよう。焦って早めにボールを離さないように注意しなければならない。反復練習で感覚を身につけ、リリースポイントを安定させることが大切だ。

リリースしたら、そのまま腕を振りあげてフォロースルーをとる。まっすぐ振りあげることを意識しよう。

1 スライドで踏み込んだ足の ツマ先でリリースする

フォワードスイングで前にスイングするボールが、体より前まできたところでリリースする。スライドで踏み込んだ足のツマ先が理想で、ファウルラインギリギリだとさらに良い投球になる。2指で押し出すようなイメージで、リリースしよう。

2 低い位置から ボールを送り出す

リリースではボールを離す位置も重要。ボールをまっすぐ送り出せるように、なるべく低くリリースする。腕を最後までまっすぐ伸ばした状態で動作し、スライドで足を開くことによって腰の位置が落ちれば、ギリギリの位置までリリースポイントを低くできる。

3 腕を振り切って フォロースルー

ボールを離したら、スイングの勢いのまま腕を振り切る。まっすぐ真上に振りあげることがポイントで、ナナメにあげたり途中でとめるなどするとコントロールが乱れるので注意しよう。最後までスイングし切ることが、精度の高い投球につながる。

プラスワン アドバイス リリースで回転をかけ ピンを狙う

ボールへの回転は、リリースの動作でかける。手首の使い方の使い方によって軌道を変化させることができるので、P16から解説している各球種の投げ方を参考に、さまざまな曲がり幅のカーブボールを投げてみよう。回転のバリエーションが増えれば、より多彩なコントロールが可能になる。

コツ 32 トップレベルの投球フォームを研究する

①アドレス
5歩助走の立ち位置で、やや低めにボールを持って構える。

②プッシュアウェイ
最初に1歩、足だけ踏み込んだところから、プッシュアウェイを行う。

⑤フォワードスイング
頭より高く振りあげたところから、ボールを前にスイングする。

⑥スライド
足を大きく滑らせてボールを押す距離を長くし、威力を高める。

大きな動作でより強い力を加える

投球フォームのセオリーは、上半身を安定させてボールを正確にスイングさせる動作だが、川添プロはその形を進化させて独自のフォームを開発している。上半身を前傾させ、大きな幅のスライドをとる特徴的なフォームは、**ボールを押して力を込める距離・時間を長くできるため威力が強く、ピンを豪快に弾いてスト**ライクをとることができる。加えてこのフォームには、さまざまなレーンコンディションなどの状況変化に対応しやすいというメリットもある。

非常に難易度が高く、再現にはハイレベルな技術と体力が必要になる。トッププロのフォームを研究して、レベルアップの参考にしよう。

72

Check Point!

❶ 上半身の前傾と幅のあるスライドが特徴
❷ ボールを押す距離が長くパワーのある投球となる
❸ さまざまな状況に対応できる強みがある

③ダウンスイング
ボールを重力に従って、真下に下ろす。床と腕を直角にするイメージ。

④バックスイング
後方への腕の振りあげと連動して、上半身を前傾させる。

⑦リリース
ファウルラインのギリギリまで踏み込んだ足のツマ先でボールを離す

⑧フォロースルー
スイングした腕は、頭の上まで大きく振り切りボールを送り出す。

プラスワンアドバイス 1

体勢を変えながらも正確に投げられる体幹がカギ

　体勢を大きく動かすこのフォームは、スイングが乱れやすく本来ならミスしやすい動作とされる。しかし川添プロはバランスを崩すことなく、まっすぐスイングすることができる。それは、軸を保てるだけの体幹の筋力を持っているため。優れたフィジカルが、ストライクの量産につながっているのだ。

73

33 バックスイングで上半身を前傾

Check Point!
- ❶ 初期動作は一般的なフォームと同じ
- ❷ 上半身を前傾させてスイング
- ❸ 体から遠くにボールをあげる意識

ボールをより高く振りあげる

　川添プロのフォームの特徴的な部分として注目するべきは、バックスイングだ。一般的なフォームではダウンスイングからそのまま振りあげるだけだったこの動作を、プロは投球のパワーをより高める動作へと変貌させている。

　その動きとは、ボールが体を通って後ろにあがるのと連動して、上半身を前傾させる動作。これによってボールがより高い位置まであがるようになり、投球の威力が増大するのだ。

　視野の外で操作するボールと連動して、助走をしつつ上半身の体勢を変えるのは非常に難しい。どれかひとつでもタイミングがズレるとミスしてしまうので、動作を体で覚える必要がある。

POINT

1 5歩の助走で 低めに構えてフォーム開始

プッシュアウェイからダウンスイングは一般のフォームとほぼ同じだが、川添プロはボールを胸よりもやや低めに構えて動作を始める。また、助走を5歩に増やしている。これには余分に1歩踏み込むことで、腕と足のタイミングを合わせやすくする効果がある。

POINT

2 バックスイングと合わせて 上半身を前傾

ボールが後方へ振りあがる動きに合わせて、上半身を前傾させる。同時に意識を前と後に向けなくてはならず、複雑な動作となる。うまく行えないと、腰が回るなどしてコントロールが乱れるので、常に体の正面をレーンに向けたまま行うことが大切だ。

POINT

3 体から最も遠くに 振りあげるイメージ

ボールを高くあげようとする意識では、腕に力が入ってスイングのミスにつながる。あげるというより、ボールを体から最も離れたところへと動かすイメージで行うと良い。腕に力を入れないという基本を守った上で、高さをつけることが重要だ。

プラスワンアドバイス1 前傾によって 肩の可動領域を広げる

前傾することが、何故ボールのより高い位置までの振りあがりにつながるかといえば、上半身を起こした状態だと腕はせいぜい体の後ろまでしかあがらないところが、倒すことで関節の角度が変わり上まで可動領域が広がるためだ。これにより、さらに強い遠心力をボールにかけることができ、威力が高まる。

34 スライドを長くとりボールを押し出す

Check Point!
❶スライドでボールを押す距離を伸ばす
❷回転をかけやすくなる
❸川添プロのレベレージは一般の倍程度

レベレージを伸ばして投球精度を高める

　バックスイングで前傾しボールを高くあげたところから、助走の最後の踏み込みで長くスライドし、両足を前後に大きく開く。これによりレベレージが長くなる。レベレージとはボールを押し出す距離のことをいい、長くなればそれだけボールを長い時間押せるようになり、投球のパワー・スピードが向上する。

　レベレージを長くすることには、ボールを持つ時間を増やして回転をかけやすくする効果もある。切れ味の鋭いカーブがかかれば、ピンはそれだけ倒れやすくなる。川添プロのレベレージは、一般的なフォームの倍ほどもあり、これがストライクの量産につながっている。スライドの重要性を理解し、投球に活かそう。

PART 5

道具を活用して
コントロールアップ

⨀35 道具を駆使して投球精度を高める

❶ マイボールは動きを調整可能
❷ 自分に合ったシューズを使う
❸ 滑り止め・テーピングを活用

アイテムを充実させてコントロール向上

　ボウリングは道具を使うスポーツであり、道具の使いこなしが好成績を残す上で多くのウェイトを占める要素となる。そのため、技術の向上に加えて道具の駆使・活用にも同様に力を入れるべきだ。最も重要なのはボールで、構造についての理解を深めて、より技術を発揮できるマイボールを作成することが大切だ。

　加えて、シューズやリストタイといったアイテムにも注目する。特にシューズは必須となるので、投球フォームをより高精度で行えるように研究しよう。リストタイは手首を補助するもので、必要なボウラーのみが装着する。

　テーピングなどのケア用アイテムも忘れずに揃え、道具を充実させよう。

1 ボールによって 曲がり方が異なる

マイボールのメリットは、自分に合った重さとホールで作ることができるという点だけではない。内部の構造や表面素材を組み合わせることで、ボールの動きと曲がり方を調整できる。トップボウラーが複数のボールを用意するのはこのためだ。

2 マイシューズで 助走をサポートする

ボールのパワーは、重さを活かしたスイングと前に進む助走によって作られる。その助走を支えるのが、マイシューズだ。左右の足に異なる特徴をつけることができるため、踏み込みやスライドがよりスムーズに行えるようになるメリットがある。

3 滑り止めやテーピングを 有効活用する

投球を続けていると、疲れから指に力が入らなくなったり、汗で滑ることがある。その際には滑り止めを活用し、投球精度をキープしよう。また、指を保護するためにテーピングを使うことも大切だ。ケアする習慣をつけて、ケガから指を守ろう。

プラスワン アドバイス メンテナンスの アイテムを揃える

マイボールは自分でメンテナンスしなくてはならないので、メンテナンス用のアイテムを揃えて手入れの方法を身につけよう。レーンを走ることで表面に付着するオイルを、練習や試合の後に拭い落として手入れする。道具を大事に使うことも、トップレベルのボウラーへと成長する重要なポイントだ。

コツ 36 構造を理解してマイボールを作成

❶コアが内部にある
❷表面のカバーストック
❸自分専用のホール

コアのバランスで特徴を出す

　ボールは2層構造になっており、内部のコアと外側のカバーストックで構成されている。素材としてはコアはセラミック、カバーストックはリアクティブウレタンが主流。**マイボールはコアの形やバランスを自由に設定でき、動きを調整可能。**親指側に寄せたり、ホールの反対側に集中させたりと、さまざまなデザインが考えられる。

　また指を入れるホールも、スパンはもちろんのこと穴を開ける角度などまで細かく調整できる。ボールをつかむ指は投球においてリリースを担う重要な部位なので、持ちやすいホールでボールを作れば、投球動作がスムーズになる。こだわってマイボールを作ろう。

POINT 1 内部にあるコアを自由にデザインできる

ボールの内部にはコアがあり、マイボールでは中心から位置を動かす「集中ウェイト」、左右で形状の違う「非対称コア」などさまざまなデザインで作成することができる。これにより、ボールの回転や動き方にさまざまな特徴をつけることが可能だ。

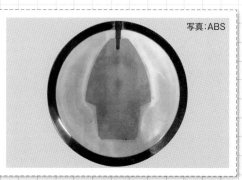

写真：ABS

POINT 2 カバーストックはリアクティブウレタンが主流

カバーストックの素材は、90年代に登場したリアクティブウレタンが現在の主流。80年代までのポリエステルやウレタンなどに比べ、走りや回転の鋭さが格段に良く、ストライクを狙うボールとして最適。オイルに影響されやすい特徴もある。

POINT 3 持ちやすい角度で穴を開ける

ボールに対してどのように穴を開けるかによって、握りやすさが変わってくる。穴の角度をピッチといい、ボール中心に向けて開ける「ゼロピッチ」、平行に開ける「サイドピッチ」などさまざまな種類があるので、握り方に合わせてオーダーする。

プラスワンアドバイス 自分の手と握りに合わせてスパンとブリッジを決める

親指（サムホール）から中指・薬指（フィンガーホール）の2指、それぞれの指の距離をスパンといい、手の大きさや握り方に合わせて決める。また、中指と薬指の間の距離をブリッジといい、幅が狭いと回転をかけやすく、広いとコントロールしやすくなるなど特徴があるので、加えて考慮する。

コツ 37 さまざまな性質のボールを駆使する

Check
❶ メインボールを設定する
❷ オイルの減りにボールで対応する
❸ スペアボールで確実に倒す

いろいろな動きをするボールを揃える

レベルの高いボウラーは、マイボールを複数個用意する。タイプの違うボールを駆使して、さまざまなレーンコンディション、オイルの変化に対応するのだ。曲がりやすいボールはもちろん、曲がりづらいボールも用意しておくことで、スペアの成功率を高めることができる。

個数としては10個程度用意できることが理想だが、一気に増やすのは難しいので、性質の違うボールをひとつひとつ増やしていこう。**曲がりやすいボール3種類、曲がりづらいボール2種類、ほとんど曲がらないスペア用のボールの6個**まで揃えられると良いだろう。

なお各種のボールは、複数個収められる専用のケースに入れて持ち運ぶ。

1 ストライク率の高い ボールをメインにする

複数あるボールのなかから、メインボールとして使うのは最もストライク率の高いものとする。メインボールはレーンコンディションの確認で使うことになるので、コンディションに対する対応の幅が広い素材・コアのボールであることが望ましい。

2 オイルの減少を感じとり 曲がりづらいボールに切り替え

投球を続けることでレーンのオイルが減ってくると、ボールが曲がりやすくなる。曲がりやすいメインボールではストライクコースにコントロールできないので、オイルの減少を感じたら曲がりづらいボールに切り替えてレーンコンディション変化に対応する。

3 ほとんど曲がらない スペアボールを用意

両端のピン（7番、10番ピン）が残るなどの場面では、ほとんど曲がらないプラスティック製のスペアボールで狙うと良い。また、ストライクコースに入ったのにも関わらず両端のピンが残った場合には、レーンに合っていない可能性が高いのでボールを変更する。

プラスワンアドバイス 1 大会はオイル引き立てのコンディションからはじまる

大会のレーンコンディションは基本的に、オイルをレーンに引き立ての状態からスタートする。練習投球ではまずメインボールで確認し、自分のイメージとコンディションをすり合わせ、パーソナルナンバーを見つけよう。うまくいかない場合は、あえて自分のイメージと異なるボールを使うのも手だ。

コツ 38 付着したオイルをとり除く

クリーナーを使ってこまめにメンテナンス

　ボールは長く使えばそれだけ、動きが低下する。新しいボールと100ゲーム使用したボールでは板目3枚分ほど曲がり幅が小さくなるといわれており、球筋の走りなども悪くなる。

　劣化の原因はいくつかあるが、なかでも厄介なのはオイルの吸収だ。ボールはレーンに塗られたオイルの上を走るため、

そのたび表面に付着する。そのままにしていると動きづらくなる一方なので、除去するメンテナンスを施さなくてはならない。

　専用のボールクリーナーを使って、表面のオイルを拭きとろう。習慣的に行うことで、ボールの劣化を抑えられる。練習後にメンテナンスすると良い。

1 ボールクリーナーと タオルを用意する

メンテナンスで使うのはボールクリーナーという専用の液体で、さまざまな種類が販売されている。専用のもの以外を使うと、ボールが傷む危険があるので注意しよう。ボールを拭くためのタオルも合わせて用意し、メンテナンスの準備をする。

タオル
クリーナー

2 タオルにクリーナーを かけてボールを拭く

メンテナンスする際には、タオルにボールクリーナーをつけて、ボールをまんべんなく拭く。これにより、表面の付着したオイルを除去して、吸収を抑えることができる。なお表面のキズなど重大な補修は、ボウリングショップなどに任せるのがベターだ。

3 投球後に メンテナンスを行う

メンテナンスを行うタイミングは、投球が終わった後だ。練習や試合の最後にクリーナーをかける習慣をつければ、その日の投球で付着したオイルをその都度除去できるようになり、ボールの劣化を抑えられる。億劫がらず、投球後には必ずメンテナンスしよう。

プラスワン アドバイス ボールリターンに帰ってくるたび タオルで拭くとさらに良い

ボールを大事に使いたいのであれば、投球後のメンテナンスに加えて、ボールがボールリターンに帰ってくるたびにタオルで拭くようにしよう。このとき、タオルにクリーナーはつける必要はない。その際に使用するのは、オイルを吸収しやすいマイクロファイバー素材のタオルがオススメだ。

コツ 38 +α　マシンでオイルを浮かして除去する

Check Point!
❶ マシンでボールを温める
❷ 浮き出たオイルを拭きとる
❸ 1日以上の時間を空ける

ボールの内部のオイルを取り除く

　ボールクリーナーを使ったメンテナンスは効果的だが、それだけでは完全にオイルを除去することができない。表面に付着したものは取り除けるものの、オイルはボールの内部にまで染み込んでいくので、吸い込んだオイルが残るのだ。そのままにしているとボールの曲がりが弱まってしまうので、除去は必須だ。

　そのために有効な方法が「オイル抜き」。ボールを温めてオイルを浮き出させるメンテナンス作業となる。さまざまな方法があり手作業でも施せるが、手間がかかり失敗する危険もあるので、専用のマシンを使おう。**60ゲームに1回程度、オイル抜きをかけるようにすれば、ボールのクオリティを維持できる。**

1 マシンでボールを温め オイルを浮き出させる

オイル抜き専用マシンにボール乗せ、フタをしてスイッチを入れて10〜20分程度温める。すると、ボールの表面が湿って内部のオイルが浮き出してくる。マシンを個人で所有するのは難しいので、オイル抜きはボウリング場やボウリングショップで行う。

2 浮き出したオイルを メンテナンスの要領で拭く

マシンでオイルを浮き出したら、メンテナンスの要領で、ボールクリーナーをつけたタオルで表面をまんべんなく拭いてオイルを除去する。オイル抜きは何度か繰り返し行うとさらに効果的。その際には、ボールを温めすぎないように10分程度の間隔を空けよう。

3 オイル抜きから投球まで 1日以上の時間を空ける

オイル抜きを施したら、そのボールは1日以上投球してはならない。表面は冷たくても内部には熱が残っているので、時間を空けて完全に冷ます必要があるのだ。熱が残ったままの状態で投げると、ヒビ割れなどを起こす危険があるので注意しよう。

プラスワンアドバイス 60ゲームに1回行うのが タイミングの目安

オイル抜きはある程度オイルが内部に染み込んだところで行うメンテナンスなので、「60ゲームに1回」をタイミングの目安にして施そう。オイルがそれほど染み込んでいないボールに施しても、ほとんど浮き出してこないので、どのボールでどの程度の回数投球したのかを、アバウトにでも数えておこう。

コツ 39 ボールスピナーを使ってボールを磨く

❶ポリッシュ液とタオルを準備
❷ポリッシュ液をつけて磨く
❸逆側も光らせる

アイテムを充実させてコントロール向上

ボールの動きを、表面を加工することで変えるテクニックがある。道具を使って表面を加工し、オイルに対する摩擦反応を変えるのだ。レーンコンディションに対応する上で非常に有効で、ボウラーとして高いレベルを目指すならば、確実に身につけておきたい。

その方法のひとつに「ポリッシュ」が

ある。これは表面を磨いて光らせることで、ボールを滑りやすくし、球筋の走りを良くするテクニックだ。ボールをボールスピナーの上に置き、回転させながら専用の液体をつけてタオルで磨く。表面に光沢が生まれ、滑りの良いボールとなる。表面加工でボールに別の特徴をつけ、コントロールの幅を広げよう。

1 ポリッシュ液とタオルを用意し ボールスピナーに乗せる

　ポリッシュでは、専用のポリッシュ液が必要になる。ボウリングショップなどで購入でき、タオルかアブラロンパッドを使って磨く。作業はボールを回転させるボールスピナーを使って行うと効率的だ。ボウリング場などで借りてポリッシュを施そう。

タオル

ポリッシュ液

2 ポリッシュ液を ボールにつけて磨く

　メンテナンスではクリーナーをタオルにつけて行ったが、ポリッシュでは、ボールスピナーに乗せたボールにポリッシュ液をかける。ボールを回転させ、タオルで上から抑えるようにポリッシュを施そう。ムラなくまんべんなく磨くことが重要なポイント。

3 片側を磨いたら ひっくり返して光らせる

　ボールスピナーでは半面しかポリッシュすることができないので、一方を磨いたらひっくり返して逆側も同じように磨いて光らせる。なおポリッシュは、ボールスピナーがなくても手でこすることで施せる。時間はかかるものの、充分に効果が得られる。

プラスワンアドバイス 1　表面に光沢が出て ボールの滑りが良くなる

　ポリッシュを施すと、ボールの表面に光沢が出る。ピカピカにしたことで滑りやすくなっているため、投球すると曲がりづらく走りの良いボールとなる。なおポリッシュは、リサーフェーシングマシン（ポリッシュマシン）という専用のマシンでも施せる。場所によっては設置されているので活用しよう。

コツ 40 表面を曇らせて曲がりやすくする

Check Point!
1. アブラロンパッドを使う
2. 全体にアブラロンパッドをかける
3. ムラができないように注意する

表面の光を変えてボールの動きを調整

　ボールを光らせるポリッシュと反対に、表面をザラザラにして曇らせる表面加工を「サンディング」という。曇らせることでボールのグリップ力を高める効果があり、動きが活性化されてボールの曲がりが大きくなる。

　その方法は、曇らせたいボールに番手の若いアブラロンパッドをかけるだけ。

　手作業で簡単に行えるが、不慣れだとボールのくすみ方にムラができやすいので注意しよう。イメージ通りにボールを動かすためには、しっかりと全体にかける丁寧な作業が必要になる。

　ポリッシュとサンディングの両方をマスターし、レーンコンディションへの対応力を高め、レベルアップしよう。

POINT 1

360・500・1000・2000番の アブラロンパッドを用意する

写真：ABS

必要になる道具はアブラロンパッドで、番手の若いものを使うことがポイント。番号が手触りの粗さを表しており、ザラザラとした表面に加工するためには、より粗いものを使う必要がある。番手が360・500・1000・2000番のアブラロンパッドを用意しよう。

POINT 2

ボールを固定して 全体にかける

台などボールを固定できるものを用意してその上に置き、アブラロンパッドを全体にまんべんなくかけて、サンディングを施していく。表面が曇ることによって色が変わっていくのが見てとれるだろう。なお、ボールスピナーを使って施すことも可能だ。

POINT 3

ムラができないように ひっくり返しながら施す

アブラロンパッドをかける際には、ときどきボールを回す。台の上に固定していると、下側がかけづらいので適度に置き直して作業を進めよう。曇らせ方にムラができてしまうと、ボールがいびつな変化をするようになり、コントロールが乱れるので注意。

ポリッシュ
したボール

サンディング
したボール

プラスワン アドバイス ① 表面を曇らせると 曲がりが良くなる

サンディングでボールの表面を曇らせることによって、ボールが曲がりやすくなる。これは、ザラつきによってボールのグリップ力が向上するため。車のタイヤをキメのあるものに履き替えると、操作の鋭さが増すのと同じ原理だ。ポリッシュとサンディングを駆使して、スコアアップを目指そう。

(41)足裏のパーツで助走を調節する

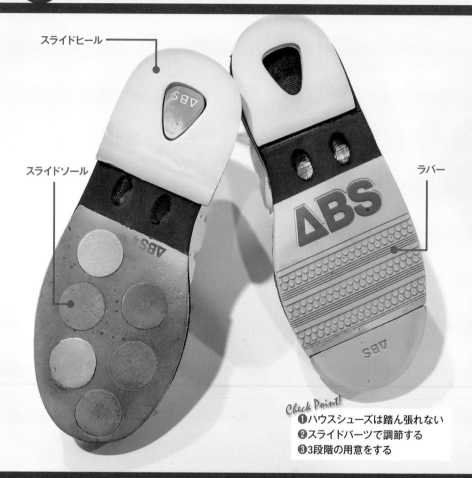

スライドヒール

スライドソール

ラバー

Check Point!
①ハウスシューズは踏ん張れない
②スライドパーツで調節する
③3段階の用意をする

足元のアイテムでコントロールアップ

ボウリング場でレンタルするハウスシューズとマイシューズの大きな違いは、靴の裏側にある。スニーカーとほぼ同じようなハウスシューズに対し、利き足の裏側にラバーがついており、踏ん張りやすくなっている。反対に逆足の裏は滑りやすくなっており、パーツをつけることで滑りを調節できる。この両足の違いに

よって投球フォーム、特にスライドをスムーズに行うことができる。

各パーツは交換できるようになっており、自分のフォームにシューズを合わせることで、投球精度を高められる。また、アプローチゾーンの滑りやすさはボウリング場によって違いがあるので、アプローチに合わせることも大切。

1 ハウスシューズでは踏ん張りがきかない

　ボウリング場で貸し出されているハウスシューズは、足裏が両足ともポイントのないフラットなものが大半。グリップが利かないため、滑ることはできても踏ん張りがきかず、助走で力を込めたり、スライドの距離を長くするなどのフォームの調整ができない。

2 調節は主にスライドパーツで行う

　助走の踏ん張りを担うラバーは、ほとんど交換することはない。助走の調節は主に、逆足のスライドパーツで行う。スライドパーツには足の後ろ側のスライドヒール、前側のスライドソールの2種があり、張り替えることで滑りやすさを変化させられる。

3 3種類程度のバリエーションを用意

　さまざまな滑りのスライドパーツが発売されているが、全てを集めても使いこなせない。まずは自分にしっくりくるものと、それよりもやや滑るもの、やや滑らないもの、の3段階を揃えると良い。アプローチゾーンの違いに対応できるようにしておこう。

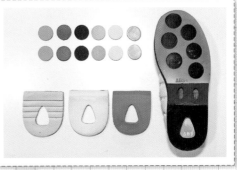

プラスワンアドバイス 1　軽く濡らした雑巾でラバーをメンテナンスする

　ボールと同じく、マイシューズもメンテナンスをする必要がある。その際に注意するべきが利き足の裏につけるラバーで、取り外しが難しいため、ケアが求められる。投球後には軽く濡らした雑巾で拭いて、汚れを残さないようにしよう。このとき、スライドパーツは濡らさないように注意する。

(42) 手首をサポートするアイテムを活用する

❶初心者向きの手首固定タイプ
❷指まで固定してまっすぐ保つ
❸可変式で手首を調整する

大きく分けて3種類のリストタイがある

　利き腕の手首に装着し、固定することでリリースを安定させるアイテムをリストタイという。種類としては大きく分けて、3つある。1つ目は手首のみ固定するベーシックなもの。手首が不安定な初心者にオススメで、また親指の抜けをよくしたい場面でも活用できる。2つ目は指までを固定するやや長めのもので、手首をまっすぐキープできる。また、リリースのタイミングが早まる特徴もある。3つ目は可変式で、手首の角度を調整できる。強く回転をかけたい、鋭く曲げたい場面で効果を発揮する。

　リストタイは必需品ではなく、使いすぎると頼ってしまう面もあるので、サポートアイテムとして活用しよう。

POINT 1 手首を固定する ベーシックなタイプ

短めの形で、手首の固定をサポートするリストタイ。スイングを行いやすくする効果があり、リリースを安定させられる。初心者が投球の精度を高めるために使われることが多く、中級者以上になるとこのタイプを使用しているボウラーはかなり少ない。

写真：ABS

POINT 2 手首をまっすぐにする 長めのタイプ

リストタイと言われて最も多くイメージされるのがこのタイプだろう。手首をストレートな状態でキープでき、使用しているボウラーが多い。親指の抜けを早める目的で装着すると効果的だ。また、手首や腕の力が弱い女性にも有効なアイテムといえる。

写真：ABS

POINT 3 手首の角度を変えられる 可変式タイプ

金属製のリストタイは可変式で、カップを自由に調整できることが特徴。メカテクターとも呼ばれる。ボールを強くカーブさせたい場面で効果を発揮するが、オーバーターンになりやすい欠点もある。リリースが遅れないように、注意しながら投球しよう。

写真：ABS

プラスワンアドバイス 自分に合った リストタイを選ぶ

リストタイは有効なアイテムだが、考慮しなければならない点もある。あまりにリストタイに頼りすぎることで手首を強くできなかったり、目的に合わないものを使うとケガをしてしまうなど、プラスなことだけではない。あくまでサポート用のアイテムであることを意識して使用することが大切だ。

コツ 43 指をケアしてケガを防ぐ

Check Point!
❶ 中指・薬指のテーピング
❷ 親指のテーピング

テーピングで指を保護する

重いボールを何度も投げるボウリングは、指への負担が大きなスポーツ。激しく動かさないために疲労の蓄積や負荷がわかりづらいので、しっかりとケアしなければならない。その際に用いるアイテムがテーピングだ。**貼ることで保護して、ケガを予防することができる**。違和感があったらすぐにテーピングし、ケガにつながらないようにしよう。

また指は体調や練習量など、その日のコンディションによって太さが増減するので、細く感じるときにテーピングを貼って調整するのも効果的な手段だ。1枚（1巻き）では足りないという場合は、重ね貼りをすることで調整できるので、指とホールをうまく合わせよう。

中指と薬指は、第2関節のあたりから指先までをテーピングする。やや幅の広いテーピングを用意して巻きつけ、カットする。長さがわかっているなら最初にカットしても良い。

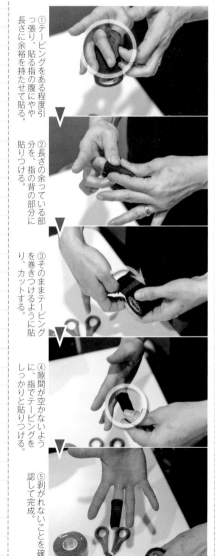

① テーピングをある程度引っ張り、貼る指の腹にややっ張り、貼る指の腹にやや長さに余裕を持たせて貼る。

② 長さの余っている部分を、指の背の部分に貼りつける。

③ そのままテーピングを巻きつけるように貼り、カットする。

④ 隙間が空かないように、指でテーピングをしっかりと貼りつける。

⑤ 剥がれないことを確認して完成。

親指にテーピングを貼る際のポイントは、先端を指の形にカットすること。これにより、剥がれづらくなる。伸びないように指先から貼りはじめよう。なお、長さは指の根元よりやや長めにする。

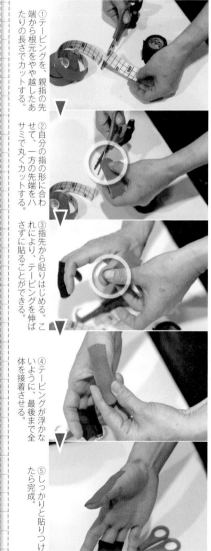

① テーピングを、親指の先端から根元をやや越えたあたりの長さでカットする。

② 自分の指の形に合わせて、一方の先端をハサミで丸くカットする。

③ 指先から貼りはじめる。これにより、テーピングを伸ばさずに貼ることができる。

④ テーピングが浮かないように、最後まで全体を接着させる。

⑤ しっかりと貼りつけたら完成。

コツ 43 +α サムホールの中にテープを貼って調節する

Check Point!
❶ 専用のテープを揃える
❷ 谷折りして貼りつける
❸ テープは2ヶ所に貼る

テーピングで穴の大きさを調節する

指にテーピングを重ね貼りする方法では、指が細くなった場合の対処しかできない。指が太くなった場合にも指とホールを合わせられるように、穴の内側にテープを貼る方法を身につけよう。テープを貼って通常の指の太さと合わせておけば、指が太くなった場合、テープを剥がすことで穴を大きくすることができる。

そのため、このテーピングは自分が持つ全てのボールに施す必要がある。難しい作業ではないので、貼り方をマスターして実践しよう。

またこの方法は、汗をかきやすくてテーピングがはがれやすい、テーピングを指にすると違和感があって良い感触で投げられない、というボウラーにも有効。

POINT

1 専用のテープを使って テーピングを行う

サムホールに貼る専用のテープがあるので、揃えておこう。消耗品なので、多めに持っておくと良い。細かい作業になるので、ピンセットも準備する。加えてボールが動かないように固定する台も必要だ。以上のアイテムを揃えて、作業にとりかかろう。

POINT

2 軽く折ってからピンセットで貼る

テープの丸まっている側の先端を、ピンセットでつかんで谷折りする。これによりテープに程よいクセがついて、貼りやすくなる。やや曲がっているテープをそのままピンセットでサムホールの中に入れ、軽く接着したら指を入れてしっかりと貼りつける。

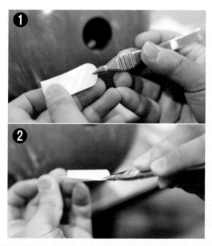

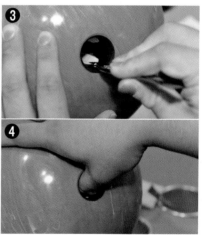

POINT

3 指の腹と背の 2ヶ所に貼る

テープを貼るのはサムホールに指を入れたときに、指の腹と背にくる2ヶ所。これにより、違和感なく投げることができる。また2枚貼ることで、調節の幅が大きくなる。しかしこの方法では大まかにしか調節できないので、細かい部分は指のテーピングで行う。

コツ 44 汗による滑りを抑える

パフボール

Check Point!
1 手に汗をかくとミスしやすい
2 滑り止めアイテムを使う
3 ロージンバッグは注意

アイテムでスリップを防止す

　投球を続けていると手に汗をかき、リリースでミスしやすくなる。その防止として滑り止めを活用する。タオルで拭く方法もあるが、滑り止めのパウダーを使うとより効果的。滑り止め剤を布で包んだパフボールなどのアイテムを用意しよう。手につけることでスリップを防止できる。ボールリターンなどに設置されて

いるハンドドライヤーと、合わせて活用して投球を安定させよう。
　滑り止めのために、野球のピッチャーが使うロージンバッグを使うのも方法のひとつ。しかし効果が強いため、つけすぎると指が抜けづらくなる場合があるので注意する必要がある。使用の際には、指先だけにつけるくらいで充分だ。

PART **6**

投球精度を高める
練習法

⁴⁵ 目標達成のスケジュールを立てる

Check Point!

❶ 長期と短期の目標を立てる
❷ 練習は計画的に行う
❸ 自宅でのトレーニングにも取り組む

目標を立ててモチベーションをキープ

ボウラーとしてレベルアップするためには、モチベーションのキープが重要だ。意欲的な姿勢で取り組めば練習が効果的なものとなり、また自分に不足している部分などを真剣に考えられるようにもなる。**モチベーションを得る方法として有効なのは、目標設定だ。目標があれば達成というゴールが生まれ、ゴールに向か**って邁進できる。逆に目標がないと、何も考えずに投げるばかりになり、楽しみを失ってしまう危険もある。

目標が決まったら、達成するための練習計画を立てる。ゲームを繰り返すのではなく、目的を明確にすることが大切だ。さまざまな練習を組み合わせ、総合的なレベルアップを目指そう。

POINT 1 長期目標と短期目標を設定する

　目標設定のポイントは、大きな長期目標と、その長期目標を達成するハードルとして短期目標を立てること。たとえば「アベレージ200」を長期目標とし、「1ヶ月以内に10ピンミスを減らす」など短期目標を立てれば、段階的に上達できる。

POINT 2 練習メニューとスケジュールを組む

　目標が決まったら、メニューとスケジュールを決めて練習に取り組む。投げ続けるだけでは上達に限界があるので、自分の現在の技術を客観的に分析し、足りない部分を補う練習をする。フォームの問題点などを客観的に聞いたり、見てもらうのもよいだろう。

POINT 3 ボウリング場外の練習にも力を入れる

　ボウリングは専用の施設が必要なスポーツであるため、長時間取り組むことが難しい。ボウリング場外にいる時間も、有効活用しよう。自宅で体力作りやフォームの確認などをすれば、限られたボウリング場での投球をより充実させることができる。

プラスワンアドバイス 休息を忘れずに体をしっかり休める

　モチベーションが空回りしてオーバーワークになると、体への負担が大きくなるので注意が必要だ。ケガをしないように、練習メニュー・スケジュールには休息の時間を適度に設ける。体を休めることも重要な練習の一要素なので、リフレッシュしながら取り組むことが大切。無理なく上達を目指そう。

コツ 46 1日10ゲームを目標に投球する

❶ 投げ込みでフォームを体で覚える
❷ 1日に複数ゲームをこなす
❸ 疲れるとフォームから無駄な力が抜ける

練習でフォームの再現性を高める

　ボウリングはストライクをとれるフォームをいかに再現し、それを繰り返せるかがカギになるスポーツ。**フォームの再現性を高めていくためには、ボールを何度も投げて動作を体に覚え込ませていく方法が最も効果的だ。**より多く投げ込めば、それだけ投球のコントロールとパワーが向上する。

　とはいえ、無理に取り組むとオーバーワークとなってしまうので自分のコンディションには常に注意を払う。ヒジや手首などに違和感があったらすぐさまチェックし、ケガにつながりそうならば投げ込みを中断しよう。ケガを負うと完治するまでボールを投げられず、レベルアップのさまたげになる。

POINT

1 より多く投球して フォームを体に覚え込ませる

投げ込みに取り組むことによって、フォームを体で覚えられ、動作の再現性を高められる。野球選手がより多くボールを投げたり、バットの素振りに取り組むのと同じだ。なお投げ込みは、ただ漫然と投げ続けるのではなくゲームをこなして取り組む。

POINT

2 休養日を設けながら 複数ゲーム投げる

球数の目安は、初心者は週に3日各3ゲーム、中級者は週に4〜5日で各5ゲーム、上級者は週6日で各10ゲーム。休養日を設けつつ、より多くのゲームをこなすことが上達につながる。なお川添プロは学生時代、毎日20ゲームの投げ込みをこなしたという。

回数の目安

初心者	週3日	3ゲーム
中級者	週4〜5日	5ゲーム
上級者	週6日	10ゲーム

POINT

3 疲労しているときこそ集中 雑に投げてはならない

投げ込みの終盤はかなり疲労した状態で投球することになるが、ヘトヘトになると体から無駄な力が抜け、かえってスムーズに動作できることがある。疲れているときこそ、その感触を忘れないように感覚を鋭くして取り組もう。投球が雑になるのはNGだ。

プラスワンアドバイス ストレッチで体をケアし 疲労を除去する

体に負担がかかる練習なので、投げ込みの前後には入念にストレッチをして体をケアする。これにより、ケガの原因となる疲労物質の除去スピードを速めることができる。またアイシングやマッサージ、帰宅後の入浴なども、効果的なコンディショニングになる。実践して体への負担を軽減しよう。

47 ボールを持たずに投球動作を行う

Check Point!
1. ボールなしでフォームを行う
2. 準備運動として取り組む
3. 滑り具合をチェックする

助走の滑り具合を体を温めながら確認する

　ボールを持たずに投球フォームの動作をする練習法を、シャドーボウリングという。まだ投球フォームをマスターできていない初心者用の練習と勘違いされがちだが、中級者以上にとっても非常に有効な練習だ。

　投球前にシャドーボウリングをすることによって、**アプローチゾーンの滑り具**合を確認することができ、初めてのボウリング場でも素早く対応できる。また、投球で使う筋肉を動かせるので、ウォーミングアップとしても最適。ボールを持つ前に10分程度、シャドーボウリングに取り組む時間を設けよう。自宅で取り組むことでフォームを確認できるので、自宅練習にもオススメだ。

POINT 1

ボールなしでも いつも通りに動作する

　シャドーボウリングで重要なのは、ボールなしでも普段の投球フォームと同じように動作することだ。アドレス位置から助走の歩数、リリースポイントまで完全に一致させる意識で取り組む。ボールを持っているイメージで、投球動作を再現しよう。

POINT 2

投球前に10分程度行い 体を温める

　取り組むタイミングとして最適なのは、投球の前だ。10分を目安にシャドーボウリングをすることで、体が温まって良いコンディションでボールを投げられるようになる。その際、レーンコンディションをイメージしながら取り組むとさらに効果的だ。

POINT 3

アプローチゾーンの 滑りをチェック

　レーンの材質によって異なるアプローチゾーンの滑り具合を、実際に動作しながらチェックする。違和感がある場合は、シューズのスライドパーツを交換してレーンに合わせよう。これにより初めて投げるボウリング場であっても、助走のミスをなくせる。

プラスワンアドバイス 試合ではシャドーボウリングが レーンアジャストのカギを握る

　試合でゲームの前に許可される練習投球（練習ボール）は、10球も投げられないほど時間が短い。そのなかでいかにレーンにアジャストできるかが重要で、シャドーボウリングを最初に行っておけば、ウォーミングアップの球数を少なめに抑えられ、より長い時間をレーンコンディションの確認に費やせる。

コツ 48 マイボールそれぞれの特徴を確認する

Check Point!
① ボールが複数個になったら取り組む
② 全てのボールでストライクをとる
③ ボールによってかかる投球数が違う

複数個のマイボールを使いこなす

中級者、上級者になってくると、所持するマイボールの数が4個5個と増えていくだろう。曲がりや走りに違いのあるボールを揃えることで、さまざまなレーンコンディションに対応できるようになる。しかし、数を持っていてもそれぞれの特徴をしっかりと把握していないと使いこなせないので、練習でしっかりと確認する必要がある。

そのためには、それぞれのストライクコースを見つけていく練習法が効果的だ。**パーソナルナンバーを見つける要領で投球すれば、どの程度の軌道の違いがあるのかを、明確に知ることができる。**新しいボールを作った際には、特に時間をかけて取り組み、特徴を把握しよう。

POINT 1

マイボールを複数個所持したら取り組む練習

　レベルアップに合わせてボールが4個5個と増えてくきたら、ボールそれぞれの特徴を把握する練習に取り組まなければならない。複数個のボールを所持しているのに投げるのはお気に入りの1個だけ、という状況に陥りやすいので、積極的に取り組もう。

POINT 2

全てのボールでパーソナルナンバーを見つける

　取り組み方はシンプルで、自分の持つボール全てでパーソナルナンバー（そのレーンに対するストライクコース）を見つける。1つ見つけたら次のボールに交換、と順番に取り組む。これにより、軌道の違いからそれぞれのボールの特徴を把握できる。

POINT 3

2〜3投でわかるものがあれば10投以上かかるボールもある

　アジャスティングの技術があれば、パーソナルナンバーを見つけるのは難しくない。お気に入りのボールならば2〜3投しただけで見つけられるだろう。しかしあまり使わないボールとなると、10投以上かかることもある。時間がかかってもしっかり把握しよう。

プラスワンアドバイス 1 スペアボールはチェック程度でOK

　2投目のスペアを狙う場面で使うスペアボールは、まっすぐ進むという特徴がはっきりとわかっているので、この練習で投げる必要はない。とはいえ、全く投げずに試合にのぞむのは不安なので、練習に取り組むなかでスペアボールが必要な場面（10番ピン残りなど）で投げ、感触を確かめておこう。

コツ 49 あえてスタンス位置をズラして投球する

Check Point!
❶ 最初にストライクコースを作る
❷ 左に立ち位置をズラす
❸ 投げ方を変えてストライクを狙う

投球のバリエーションを増やす

レーンコンディションに対応してストライクを量産するためには、さまざまな技術を駆使してボールを自在にコントロールできる実力が求められる。その能力を、練習で身につけよう。

効果的なのは、そのレーンに対するストライクコース（パーソナルナンバー）を見つけたところから、あえてスタンス位置をズラして投球し、ストライクを狙う練習法だ。そのままの投球ではストライクがとれなくなるので、**ストライクを目指して投げ方やボールの使い分けを工夫する。これにより、投球のバリエーションを増やせるのだ。**どうすればボールをポケットに運べるのか、さまざまな要素から分析して考えよう。

POINT

1 いつも通り投げ ストライクコースを作る

まず最初にパーソナルナンバーを見つける要領でレーンにアジャストして、ストライクスタンスとストライクターゲット（スパット）を見つける。普段投げているボウリング場ならば、お気に入りのボールで得意な回転をかければすぐに見つかるだろう。

POINT

2 スタンス位置を 左に3枚ズレて投球する

ストライクスタンスから板目を左に3枚ズラし、その位置から同じストライクターゲットを狙って投球する。同じような回転とスピードで投げると丁度ピン1本分、軌道がポケットから外れてしまうので、投球の方法を変えてストライクを狙う。

POINT

3 スピードや回転で 軌道を変える

投球の軌道を変えるために、ボールを構える位置を下げるなどして球速を落としてみよう。曲がり始めの位置を、手前にすることができる。また、回転量をあげたりアクシスローテーションでドリフト効果を高め、曲がり幅を増やしてボールを食い込ませるのも有効。

プラスワン アドバイス ボールを変える方法も 効果的な選択

投球の方法ばかりでなく、ボールを変えることも選択肢に加えて考えよう。より曲がるボールを使ってPOINT③などの方法で投球すれば、カーブをより鋭くすることができる。さまざまな方法を試して、ストライクを目指そう。左に3枚ズレた位置でストライクをとれたら、次は右に3枚ズレて取り組む。

コツ 50 軽いボールや逆腕で投げて調子を整える

Check Point!
1. 軽いボールを振る
2. リリースを確かめる
3. 逆の腕で投げる

ライトな練習でリフレッシュする

　ハードな練習のなかにリフレッシュできる練習を盛り込むと、メリハリがついてより効率的に練習に取り組むことができる。調子を整える練習法を、メニューに取り入れよう。効果的なのは軽いボールをスイングする方法と、利き腕とは逆側の腕で投球する練習だ。

　前者は普段よりも軽いボールでスイングすることで、フォームを改めて確認することが目的となる。自分のフォームに違和感や問題点を指摘された際に、取り組むと動作を見直すことができる。

　後者は、取り組むと多くの投球によって崩れた体のバランスを正すことができる。練習の終わりなどに、クールダウンとして取り組むと良いだろう。

1 軽いハウスボールを使って スイングする

適正ポンド数で作るマイボールよりも、ずっと軽いボールを使ってスイングすると、ゆっくりと動作できるのでフォームをじっくり確認できる。ハウスボールをレンタルして取り組もう。ホールが大きめに空けられているので、落とさないように注意。

2 リリースの感覚を 確認する

リリースは投球フォームのなかでも難しい動作のひとつ。ハウスボールを使った練習で、リリースポイントを確認しよう。良いイメージをつかむことができれば、マイボールでも近い感覚で投げられるようになる。手首を回す動作の確認としても効果的だ。

3 逆側の腕で ボールを投げる

ボウリングは利き腕を使って投げるスポーツであるため、体のバランスが一方に偏ってしまう危険がある。その是正のために、逆側の腕でボールを投げる練習に取り組もう。コンディション調整の練習なので、フォームはあまり意識せず、リラックスして行う。

プラスワン アドバイス 1 体のバランスが良いと 強い力を発揮できる

筋肉は一ヶ所の力ではなく、全身の連動によって強いパワーを生み出す。そのため、体のバランスを整えることで生み出せる力をより強くすることができる。時間に余裕があるときは、積極的に逆側の腕で投げる練習を行おう。なお、体のバランスはストレッチによっても整えることができる。

50_{+α} 筋肉を伸ばして体をケアする

Check Point!
❶ ストレッチは体のケアに有効
❷ プレーの前後に取り組む
❸ ゆっくりと動作し10〜20秒伸ばす

準備運動と整理運動でコンディショニング

　重いボールを全身を使って繰り返し投げるボウリングの投球は、筋肉に負担がかかる動作だ。ベストなボールを投げ続けるためには、体のケアが重要となる。筋肉を伸ばすストレッチに取り組み、体の柔軟性を高めよう。これによりケガを予防することができ、疲労回復を促進する効果も得られる。また、投球の連続に

よって利き腕側に偏った体のバランスを、是正する作用もある。
　プレーの前後にウォームアップ・クールダウンとして、ストレッチを行う習慣をつけよう。ポイントは、呼吸しながらゆっくりと動作すること。筋肉が伸びていると感じるところで10秒〜20秒程度静止し、充分にストレッチする。

1 手のひらを前後に倒す 手首のストレッチ

　利き腕をまっすぐ前に伸ばし、逆側の手で4指をつかんで体の方向に倒す。充分伸ばしたら、次は手の甲をつかんで逆側に倒す。これにより、リリースで重要な手首の筋肉を、全体的にしっかりとストレッチできる。逆側も行うが、逆手なので軽めでOKだ。

2 親指を手前に引く 親指のストレッチ

　利き腕を前に伸ばし、コブシを握って親指を上に伸ばすGOODのポーズをとる。親指を逆側の手でつかみ、手前に引きつける。これにより、手首と同様にリリースで重要な役割を担う親指をストレッチできる。左右のバランスを考えて、念のため逆側も行う。

FRONT　　　　SIDE

3 体を伸ばして一方に倒す 体側のストレッチ

　直立の姿勢で立ち、両腕を真上にあげる。まっすぐ伸ばした状態で、頭の上で手のひらを上向きにして組む。その姿勢から体を一方に、組んだ両手を真横に向けるイメージで倒す。この動作によって、倒した側と逆の体側をストレッチできる。逆側も同様に行う。

4 カカトをついて腰を落とす
ふくらはぎのストレッチ

直立の姿勢からヒザを曲げて腰を落とし、一方の足を前に伸ばしてカカトを床につける。このとき、ヒザをまっすぐにすることがポイント。腕は左右とも真正面に伸ばしてバランスをとる。この動作で、ふくらはぎをストレッチできる。左右とも同様に行う。

5 足を交差させて体を倒す
モモの後ろのストレッチ

右足を前にして、両足を交差させて立つ。両足ともツマ先を前向きにし、ヒザが曲がらないように注意しながら上半身を前に倒す。指で床をタッチすることを目標にして取り組み、モモの後ろの筋肉をストレッチする。伸ばしたら、交差する足を変えて行う。

FRONT　　　**SIDE**

6 頭を左右に倒す
首の側部のストレッチ

背すじを伸ばしてリラックスした状態で立ち、右手で左側頭部を上から持つ。その姿勢から腕を使って頭を真横に倒し、首の側部をストレッチする。徐々に腕に力を入れていき、ゆっくりと倒すことがポイント。逆側も同様に行い、充分に筋肉を伸ばす。

POINT

7 頭を前と後ろに倒す 首の前後のストレッチ

リラックスしてまっすぐ直立し、後頭部のあたりで両手を組む。腕に力を入れてゆっくりと頭を前に倒す。充分に伸ばしたら、次は両手ともコブシを握り、アゴの下で揃えて突きあげるようにゆっくり頭を後ろに倒す。首の前後の筋肉をストレッチできる。

POINT

8 左右の腕を別方向に回す 肩のストレッチ

腕をまっすぐ伸ばして直立し、ヒジを伸ばしたまま両腕を回す。これにより、肩をストレッチすることができる。このとき、右は前側、左は後ろ側と左右で別方向に回すと脳も刺激できる。反対回しも同様に行う。

POINT

9 手を振りながら足を回す 手首・足首のストレッチ

リラックスした姿勢で立ち、両手を左右に振る。脱力して動作し、手首をストレッチする。同時に一方の足のツマ先を床につき、カカトで円を描くように回す。しばらく回したら逆側に切り替え、足首を伸ばす。

10 両ヒジを大きく開閉する 胸・肩甲骨のストレッチ

両ヒジを左右に開いて直立し、その姿勢から体の正面で左右の前腕を縦に並べるように両ヒジを閉じる。ゆっくりと動作することを意識して取り組むことが大切。これにより、胸と肩甲骨をストレッチできる。

FRONT

SIDE

上半身全体で動作し 充分に伸ばす

胸を張った状態から、背中を丸めるように閉じることがポイントとなる。腕だけでなく、上半身全体を使う意識で取り組もう。

11 イスに座って体を倒す 足裏・背中のストレッチ

イスに腰掛けて左足を前に伸ばし、カカトを床につける。右足はヒザを曲げて自然な形。手は後頭部で組み、その姿勢から上半身を前に倒す。この動作によって、左脚部の裏側から背中までを全体的にストレッチできる。逆側も同様に行い、まんべんなく伸ばす。

12 イスに座って骨盤を立てる 腰のストレッチ

　イスに座り、背中を丸める。その姿勢から胸をナナメ上方向に向けるような意識で背すじを伸ばし、骨盤を立てる。丸まった背骨を徐々に反らしていくことで、主に腰をストレッチできる。また、姿勢矯正の効果もある。

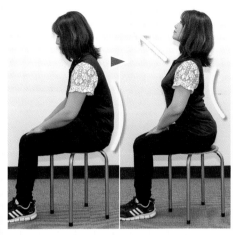

慣れないうちは 補助をつけて行う

　骨盤を立てる動きは、コツをつかむまではなかなか難しい。最初は補助をつけて取り組み、骨盤の動きをサポートしてもらおう。骨盤を立てる感覚が身につけば、一人でも行えるようになる。

その場ジャンプ

プラスワン アドバイス ジャンプと深呼吸も ストレッチに加えると効果的

　冬場など体を温めたい季節では、ストレッチに加えてその場でジャンプする運動を加えると、効果的に体を温められる。また、ストレッチの最後に深呼吸をすると、メンタルが落ち着くので取り入れよう。

深呼吸

ボウリング
Q & A

　意欲を持ってボウリングに取り組むと、どんどん上達するだろう。しかしある程度のレベルに達すると、テクニックの疑問点や試合で実力を発揮するための悩みなどが生まれるものだ。カベにぶつかるとレベルアップのさまたげになり、モチベーションの低下につながる危険もあるので、放置せず解消することが大切。ここでは、陥りがちな疑問に回答しているので、疑問解消の参考にしよう。

Q 1 リリースで手首を10時の位置まで回し切れない

A 力の弱いボウラーはアドレスの段階から回しておく

　重いボールをスイングしながら、リリースで手首を回すのは力のいる動作だ。腕や手首の筋肉が発達していない子どもボウラーや、元々の力が弱い女性ボウラーなどにとっては難しいだろう。

　その際には、アドレスで構える段階から親指の位置を10時に向けておくと良い。そのままスイングして投球すれば、リリースの瞬間に手首を回してかけるカーブほどではないものの、ボーの軌道を曲げることができる。筋力がつくまでは、この方法で投げると良いだろう。

Q2 試合中に曲がり幅を変えたい場面ではどうする?

A カーブボールはカップではなくアクシスローテーションで調節

試合中にカーブボールの軌道を調節したい場面で、カップを変えて回転量を増減させるのは危険だ。回転量を変えて投球すると、フォームが崩れやすくなるので、アクシスローテーションで回転の向きを変えて調節する方法がベターだ。

基本のカーブボールでは親指を大体11時の位置まで回してリリースするが、それを10時まで回せば、アクシスローテーションの変更だけで、フォームはほぼ同じまま曲がり幅を変えられる。その際、オーバーターンにはくれぐれも注意。

Q3 ボールのスピードをあげようとするとミスしてしまう

A 可動域を意識してミスを避ける スピードはできるだけあげるべき

球速をあげるためにスイングや助走に勢いをつけると、フォームがブレて投球のコントロールが乱れることがある。このミスは、大きなスイングで腕が肩の可動域の限界以上に動こうとすることで生じるので、球速アップは可動域の幅を確認しながら取り組むことが大切。

スピードはあればあるだけ有利に働くので、より速い投球を目指すべき。速ければそれだけスピード調整の幅が大きくなり、カーブの曲がりはじめるポイントを操作できるようになるのだ。

Q4 ボウリングの試合には どんなものがある?

A 地域から全国規模まで さまざま開催されている

試合を行う大会にはさまざまな規模があり、最も参加しやすいのが各ボウリング場が主催する競技会。慣れたレーンで投げられるため緊張感が少なく、まず最初に出場する大会として最適。規模が大きいものだと、全日本ボウリング協会などが主催するアマチュアの全国大会がある。各地域、都道府県の選抜大会で好成績を残すことが出場の条件となる。そのほか、年代別の大会もある。

個人戦のみならず、ペア戦やチーム戦でも試合に出場すると楽しみが広がる。

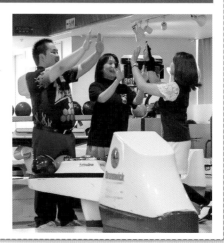

Q5 試合当日のコンディショニングとして 有効なのは?

A 利き腕をケアしてリラックス 食事はほどほどにする

大会日は、会場へ出かける前に利き腕を、お湯につけたタオルを当てるなどして温める。程よく筋肉がほぐされ、最も重要な利き腕のコンディションを整えることができる。軽く逆の手でマッサージするとさらに効果的。時間があれば風呂に浸かるのも良いだろう。これらの方法を実践することでリラックスでき、フィジカルに加えてメンタルの調子も上向く。

食事は腹八分目程度を意識して、満腹にならないように摂る。体が重くならないように時間と量に注意しよう。

Q6 ボールの表面加工は試合中に行ってもOK？

A 試合中はNG 試合の前に施しておく

　試合中にボールの表面を加工することは、日本ボウリングルールによって禁止されている。これは、専用の液体を使うポリッシュはもちろん、アブラロンパッドしか使わないサンディングも同様だ。試合中に加工を施したボールを投球すると失格になってしまうので、試合の前に施しておかなくてはならない。

　なお、練習投球中の加工は認められているので、レーンのコンディションを確認してから、表面加工を施す・施さないを決めることができる。

Q7 マイシューズの選び方のポイントは？

A スライドパーツを確認しレベルに応じてチョイスする

　マイシューズはものによって、スライド側の足裏の構造が異なる。安価なものだと、固定式でパーツの交換ができない。パーツ交換ができるもののなかにも、スライドパーツが1パーツのみで細かな調節ができないものから、複数を組み合わせるものまで段階がある。

　スライド部分が複雑であればそれだけ高価になり、使いこなす難易度もあがるため上級者向けになる。自分のレベルに合わせてシューズを選ぼう。なお、サイズは普段履いている靴と同じでOKだ。

おわりに

　ボウリングは競技としてはもちろん、レジャーや健康促進といった目的でも楽しむことができる幅広いスポーツです。「より上手く」「より高いスコアを」とアスリート的な感覚でトップレベルを目指すことが全てではありません。あえて軽めのボールを使って自由に投球することだって、ボウリングのひとつの形なのです。取り組み方は人それぞれであり、ボウラーによってさまざまなボウリングとの関係性があると思います。

　上達において最も重要になるのは"ボウリングを楽しむこと"だと、僕は確信しています。自分に合った最も楽しいと感じられる取り組み方を、皆さんには見つけていただきたいです。

　そのために、「ボウリングのことをもっと知ってもらいたい」と考えています。ボウリングに没頭してたくさん投球すれば、コントロールがついてストライクの確率が高まり、スペアもある程度感覚的にとれるようになるでしょう。しかし、漫然と投げるのみでは上達に限界があり、行き詰まりを感じて楽しむ気持ちが薄れてしまうことがあるのです。

　そうならないように、より深い知識や理論を身につけてください。それらがわかっていれば行き詰まっても解決できるようになるし、知らなかったことを学ぶことで興味・関心が湧いてよりボウリングを好きになっていけるでしょう。

　この本がそのきっかけとなり、皆さんのボウリングライフのさらなる充実につながることを願っています。

プロボウラー 川添 奨太

監修者
川添 奨太（東名ボール所属）
1989年1月4日生　福岡県出身
アマチュア時代に日本代表メンバーとして活躍し、2010年に49期生としてプロ入りすると、全日本プロボウリング選手権で優勝し最年少記録を塗り替える。同年に行われた第34回ABSジャパンオープンでは２連続パーフェクトという偉業を成し遂げ、注目を集める。史上初のデビューイヤー三冠王に輝き、以降2010年、2011年と３年連続三冠王を達成する。2014年にもタイトルの山を築いて三冠王を獲得、通算10勝以上の条件を満たし準永久シードプロとなる。2019年全日本プロボウリング選手権大会において、史上最多６回目の優勝を果たす。

モデル
犬飼 幸代

協力
株式会社アメリカンボウリングサービス（ABS）
ボウリング用品の輸入出卸しなど、ボウリングに関連する事業を
展開する1964年設立の歴史ある企業。「Challenge」「Quality&Originality」
「Teamwork」「Professional」「Mecenat」を軸とする企業理念のもと、多
くのボウラーに親しまれる製品の開発・製造に取り組んでいる。

本山ボウル

〒464-0827　愛知県名古屋市千種区末盛通5-12
TEL　052-618-6772
URL　http://www.bmp2001.jp/motoyama

車でお越しの場合
近隣のコインパーキングをご利用ください。駐車証明書をお持ちください。

地下鉄でお越しの場合
名城線・東山線本山駅1番出口よりマックスバリュ地下食料品売場内エレベーターで5Fへ。

昭和43年生まれのボウリング場。当時のままのウッドレーン、ボウラーズベンチで営業している。メンテナンスマシーンはケーゲルの最新のものを使用しているので、PBAパターンも体験できる本格的なレーン。バーコーナーもあるので、飲食しながらのアメリカンスタイルでボウリングが楽しめる。2009年のリニューアルオープン以来開催されている「無料健康ボウリング教室」も好評。

staff
- ●カメラ　柳太
- ●デザイン 田中宏幸
- ●編集　　株式会社ギグ
　　　　　（長谷川創介）

ボウリング　パーフェクトコントロール
狙い通りに倒す50のコツ　新装版

2021年5月30日　第1版・第1刷発行

監修者　　川添奨太（かわぞえ しょうた）
発行者　　株式会社メイツユニバーサルコンテンツ
　　　　　代表者　三渡　治
　　　　　〒102-0093 東京都千代田区平河町一丁目 1-8
印　刷　　株式会社 厚徳社

ご意見・ご感想はホームページから承っております。
ウェブサイト　https://www.mates-publishing.co.jp/

編集長:折居かおる　副編集長:堀明研斗　企画担当:堀明研斗／千代　寧

※本書は2015年発行の『ボウリング　パーフェクトコントロール　狙い通りに倒す50のコツ』の
　装丁を変更し、新たに発行したものです。